MW01712106

DAS GROSSE nutella KOCHBUCH

unipart

DAS GROSSE nutella KOCHBUCH

INHALT

Vorwort

Nutella kennt nahezu jeder in Deutschland. Es gibt über 40 Millionen Fans, darunter auch prominente Sportler. Als Brotaufstrich ist Nutella für viele vom Frühstückstisch nicht wegzudenken. Und für so manchen ist es die schönste Art, den Tag zu beginnen.

Doch Nutella wird nicht nur auf Brot gegessen, die Verwendungsmöglichkeiten sind überaus vielseitig. Gerade für die junge, schnelle Küche ist Nutella eine wertvolle, leckere Zutat, mit der sich die tollsten Gerichte zubereiten lassen.

Im Lauf der Zeit haben sich die Anforderungen an die Ernährung erhöht. Doch längst ist nicht mehr nur der Nährwert entscheidend – die moderne junge Küche muß noch viel mehr leisten. In erster Linie muß es natürlich schmecken und toll aussehen. Abwechslungsreich muß es sein und vor allem schnell zuzubereiten. Dieses Buch soll genau dabei eine große Hilfe sein. Über 100 vielseitige Rezepte mit Nutella haben wir für Sie zusammengestellt. Da ist für jeden Geschmack und jedes Alter das Richtige dabei!

Ob deftig oder mild, herzhaft oder süß, immer müssen verschiedene Geschmacksrichtungen berücksichtigt werden. – Und das Tag für Tag!
Und weil nicht nur Kinder, sondern auch Erwachsene das Besondere lieben, haben wir Gerichte gezaubert, die man einfach probieren muß – natürlich mit Nutella!

Ob kleine Köstlichkeiten für zwischendurch, Hauptgerichte, Desserts oder Gebackenes, für den Kaffeeklatsch oder die Weihnachtsbäckerei – alles wird mit „einem Hauch von Nutella“ verfeinert, dieser seit Jahrzehnten bekannten und beliebten „geschmacklichen Faszination“ für Jung und Alt.

Nutella gibt allen Speisen eine besondere, feine geschmackliche Note.

Dank großer Streich- und Rührfähigkeit kann diese Nuß-Nougat-Creme außerdem hervorragend portioniert und verarbeitet werden. Sogar in Drinks kommt Nutella bestens zur Geltung.

Die ganze Vielfalt der Einsatzmöglichkeiten von Nutella soll dieses Buch mit Rezepten aus der „Jungen Küche“ deutlich machen...

Wir wünschen Ihnen viel Erfolg, gutes Gelingen und guten Appetit.

Ihre Redaktion

NUTELLA – MEHR ALS EIN BROTAUFSTRICH

Seit über 30 Jahren auf dem Frühstückstisch

Nutella hat dazu beigetragen, den Deutschen ihr Frühstück zu versüßen. Als Nutella 1965 auf den Markt kam, kannte man zwar süße Brotaufstriche, aber noch keine Nuß-Nougat-Creme. Diesen Markt hat Nutella erst erschaffen. Ein Brotaufstrich, der zu allererst bei den Kindern beliebt war, ist mittlerweile zu einem Lebensmittel für alle geworden. Eine ganze Generation ist mit Nutella groß geworden und sie gehört natürlich auch heute noch zu den treuesten Fans.

Nutella als gehaltvolles Lebensmittel

Nutella ist ein durch und durch pflanzliches Produkt, das das Beste aus entrahmter Milch enthält. Nur erstklassige Haselnüsse aus den besten Anbaugebieten der Welt werden darin verarbeitet. Zum unverwechselbaren Geschmack gehört auch der fein aromatische Kakao von der Elfenbeinküste. Diese wertvollen Zutaten werden seit vielen Jahren nach dem Original Nutella Rezept zubereitet.

Nutella bietet reichlich Nährstoffe, Vitamine und Mineralien. 54 Prozent der Nuß-Nougat-Creme bestehen aus leistungsfördernden Kohlenhydraten, der Fettanteil beträgt 30 Prozent, Eiweiß ist mit 7 Prozent vertreten. Dieses Verhältnis entspricht in etwa den von Ernährungsexperten empfohlenen Nährstoff-Relationen. In 100 g Nutella stecken auch 10 mg des Vitamins F – wichtig für den Stoffwechsel im Körper. Auch vom Vitamin B2 hat Nutella einiges zu bieten – 0,24 mg pro 100 g Nuß-Nougat-Creme. Dieses auch Riboflavin genannte Vitamin kommt Augen sowie Haut zugute und fördert das Wachstum. Nicht vergessen werden sollten die Mineralstoffe. Calcium, das für stabile Knochen sorgt, kommt auf 130 mg pro 100 g Nutella, das für die Muskeltätigkeit wichtige Magnesium auf 75 mg und das blutbildende Eisen auf 2,8 mg. Diese lange Aufzählung von wertvollen Inhaltsstoffen zeigt, daß Nutella nicht nur geschmackliche Qualitäten zu bieten hat, sondern durchaus auch im Hinblick auf den ernährungsphysiologischen Wert empfohlen werden kann.

Frühstück & Co.

Auf dem Frühstückstisch hat sich Nutella bei vielen Menschen längst einen Stammplatz erobert. Manche Kinder, Jugendliche und auch Erwachsene gehen ohne ein Frühstück mit Nutella morgens nicht aus dem Haus. Nicht umsonst heißt es auch, daß die erste Mahlzeit des Tages die wichtigste sei. Schließlich bildet es eine wesentliche Grundlage für die geistige und körperliche Leistungsfähigkeit. Unverzichtbar für alle, die am Tag viel vorhaben.

Allerdings ist es mit dem Frühstück allein natürlich nicht getan. Schließlich reicht der Nährstoffvorrat nicht bis zum Mittagessen. Wer mit knurrendem Magen zu geistigen Höhenflügen ansetzen will, wird sich schwertun. Zeitgemäße Zwischenmahlzeiten sollten die Hauptmahlzeiten ergänzen. Hier ist Obst und ein mit Nutella bestrichenes Vollkornbrot sicher zu empfehlen. Da die Ernährungswissenschaftler meist fünf Mahlzeiten am Tag als ideal ansehen, sollte man nicht nur an das Frühstück denken, sondern auch an die Zwischendurchernährung. Hier gilt das gleiche wie am Morgen: Immer dann, wenn viel Energie verbraucht worden ist, hilft nährstoffreiche Kost über ein mögliches Leistungstief hinweg. Dazu finden sich in diesem Buch zahlreiche leckere Rezepte.

Wer kann da widerstehen, bei unseren Brandteigringen gefüllt mit Früchten und einer feinen Nutellasauce.

Nüsse: Kraftpakete und Nervennahrung

Wußten Sie, daß für ein kleines Glas Nutella (400 g) ca. 50 Haselnüsse verwendet werden?

Haselnüsse enthalten viele Nährstoffe in einer für die Ernährung günstigen Zusammensetzung. Haselnüsse sind hochwertige, konzentrierte Lebensmittel, die sämtliche Nährstoffe enthalten, die zum Aufbau einer neuen Nußpflanze notwendig sind.

Nüsse sind also natürliche kleine Kraftpakete. Nicht umsonst enthält zum Beispiel auch das „Studentenfutter" Nüsse – liefert es doch als „Nervennahrung" alle Nährstoffe, die nicht nur Studenten brauchen, um konzentriert arbeiten zu können.

Zudem enthalten Nüsse viele von den für den menschlichen Körper so wichtigen ungesättigten Fettsäuren. Außerdem besitzen Nüsse einen relativ hohen Anteil an sogenannten essentiellen, d.h. lebensnotwendigen Eiweißbausteinen. Diese können vom Körper nicht hergestellt werden und müssen daher in ausreichender Menge mit Lebensmitteln aufgenommen werden. Nüsse enthalten zudem viele Vitamine, wie z.B. Vitamin E (gut für das Immunsystem) und wertvolle Nährstoffe.

Kleine Köstlichkeiten mit Nutella

MANDEL-SCHOKO-QUARK

FÜR 4 PERSONEN:

250 g Magerquark
5 EL Nutella
1/8 l Sahne
1/8 l Vollmilch
einige Tropfen Zitronenaroma
Zucker nach Geschmack
50 g gehackte Mandeln
geschlagene, gesüßte Sahne und Nutella zum Verzieren

ZUBEREITUNG:

1. Den Magerquark in eine Rührschüssel geben und mit Nutella, der Sahne, der Vollmilch und dem Zitronenaroma verrühren.

2. Mit dem Handrührgerät kräftig aufschlagen, mit Zucker nach Geschmack süßen und die gehackten Mandeln unterrühren.

3. Den Quark in dekorative Schalen füllen und im Kühlschrank vollständig erkalten lassen.

4. Den Mandel-Schoko-Quark mit Sahne- und Nutellatupfern ausgarnieren und servieren.

GEFÜLLTE NUTELLA-BIRNEN

FÜR 4 PERSONEN:

- 4 saftige Birnen
- Saft von 1 Zitrone
- 150 g Doppelrahmfrischkäse
- 100 g Nutella
- 1-2 EL Milch
- 2 cl Birnengeist
- 4 TL gehackte Pistazien

ZUBEREITUNG:

1. Die Birnen schälen, längs halbieren, das Kerngehäuse herausschneiden und die Birnenhälften sofort mit Zitronensaft beträufeln.

2. Jeweils zwei Birnenhälften auf einen Glasteller legen.

3. Den Frischkäse mit Nutella und etwas Milch zu einer festen Creme verrühren, mit Birnengeist aromatisieren, in einen Spritzbeutel mit Sterntülle füllen und die Creme auf die Birnenhälften aufspritzen.

4. Im Kühlschrank vollständig erkalten lassen.

5. Die Gefüllten Nutella-Birnen mit gehackten Pistazien bestreuen, dekorativ anrichten, ausgarnieren und servieren.

BIRNEN MIT NUTELLASAUCE

FÜR 4 PERSONEN:

4–6 Birnen
Saft von 1 Zitrone
4 cl Birnengeist
1/2 Tasse Zucker
Für die Sauce:
150 g Nutella
1 Becher Sahne
Schokoladenraspeln
hauchdünne Zitronen-julienne

ZUBEREITUNG:

1. Die Birnen schälen, halbieren, in ein mikrowellengeeignetes Gefäß legen, mit Zitronensaft und Birnengeist beträufeln und mit Zucker bestreuen.

2. Die Birnen mindestens 10 Minuten ziehen lassen.

3. Die Birnen bei 600 Watt drei Minuten und anschließend bei 360 Watt weitere sechs Minuten im Mikrowellengerät garen.

4. Die Birnen herausnehmen und bereitstellen. Nutella mit der Sahne in einen Topf geben und in der Mikrowelle bei 600 Watt 2 - 3 Minuten vollständig schmelzen lassen.

5. Die Sauce auf warme Teller verteilen, die Birnenhälften einsetzen, mit Schokoladenraspeln bestreuen, mit Zitronenjulienne ausgarnieren und sofort servieren.

FRÜCHTEPIZZA

FÜR 4 PERSONEN:

- 1/8 l lauwarmes Wasser
- 1/8 l lauwarme Milch
- 1 Päckchen Frischhefe
- 1 EL Zucker
- 1 TL Salz
- 2-3 EL Olivenöl
- 400 g Weizenmehl
- 200 g Erdbeeren
- 100 g Himbeeren
- 100 g Johannisbeeren
- 4 Kiwifrüchte
- 2 Orangen
- 1 Glas Nutella

ZUBEREITUNG:

1. Das Wasser und die Milch mit der Hefe und dem Zucker in einen Topf geben und an einem warmen Ort 10-15 Minuten gehen lassen.

2. Die Hefemilch mit dem Salz und dem Öl auf das gesiebte Weizenmehl geben und das Ganze zu einem glatten, kompakten Teig verkneten.

3. Den Teig mit dem Kochlöffel so lange schlagen, bis er Blasen wirft und erneut zugedeckt an einem warmen Ort zur doppelten Menge gehen lassen.

4. Den Pizzateig auf einer bemehlten Arbeitsfläche durchkneten, in vier Teile teilen, dünn ausrollen.

5. Den Teig in ausgefettete Pizzaformen legen und erneut 10-15 Minuten gehen lassen.

6. In den auf 180-200 °C vorgeheizten Backofen schieben und goldgelb ausbacken.

7. In der Zwischenzeit die Früchte verlesen, waschen, gut abtropfen lassen und je nach Bedarf klein schneiden.

8. Nach dem Backen die Pizzen mit Nutella bestreichen und mit den Früchten belegen, anrichten, ausgarnieren und servieren.

GEFÜLLTE WAFFELN

FÜR 4 PERSONEN:

125 g Butter oder Margarine
125 g Zucker
2 Päckchen Vanillezucker
3 Eigelb, 1/4 l Milch
250 g Mehl
3 Eiweiß, 1 Prise Salz
Butterschmalz zum Ausbacken
1-2 EL Zucker
1/4 l Orangensaft
500 g Orangen
3-4 EL Nutella
1 Prise Zimt
Speisestärke zum Binden

ZUBEREITUNG:

1. Die Butter oder Margarine mit dem Zucker und dem Vanillezucker in eine Schüssel geben und schaumig schlagen.

2. Das Eigelb nach und nach dazugeben und kräftig darunter schlagen.

3. Die Milch mit dem gesiebten Mehl zur Masse geben und zu einem glatten Teig verrühren.

4. Das Eiweiß mit dem Salz steif schlagen und unter den Teig ziehen.

5. Das erhitzte Waffeleisen ausfetten, portionsweise den Teig einfüllen und Waffeln ausbacken.

6. Den Zucker in einer Pfanne karamelisieren lassen, den Orangensaft dazu geben und den Karamel loskochen.

7. Die Orangen schälen, in Scheiben schneiden, mit Nutella in die Sauce geben und erhitzen, mit Zimt aromatisieren.

8. Die Speisestärke mit etwas Wasser glatt rühren und die Früchte damit leicht binden.

9. Die Waffeln dekorativ anrichten, mit der Fruchtsauce überziehen, je nach Geschmack mit Puderzucker bestäuben, ausgarnieren und sofort servieren.

ERDBEERSPIESSE MIT SCHOKOGLASUR

FÜR 4 PERSONEN:

- 500 g Erdbeeren
- einige Tropfen Zitronensaft
- 1 Päckchen Vanillezucker
- 1–2 EL Zucker
- 2 Tafeln Vollmilchschokolade
- 1/2 Glas Nutella
- 1 Päckchen weiße Schokoladenglasur

ZUBEREITUNG:

1. Die Erdbeeren verlesen, waschen, abtropfen lassen und in eine Schüssel geben.

2. Die Erdbeeren mit Zitronensaft beträufeln, mit Vanillezucker und Zucker bestreuen und 10 Minuten ziehen lassen.

3. In der Zwischenzeit die Vollmilchschokolade mit Nutella in einem Topf im Wasserbad vollständig schmelzen lassen.

4. Sobald die Schokolade geschmolzen ist, die Erdbeeren darin wenden, herausnehmen, abtrocknen lassen und nochmals durch die Schokolade ziehen, so dass die Erdbeeren vollständig mit der Schokolade umhüllt sind.

5. Die Schokoladenerdbeeren vollständig erkalten lassen und auf Spieße stecken.

6. Die weiße Schokoladenglasur mit Hilfe eines Spritzbeutels auf die Schokoladenerdbeeren auftragen. Das Ganze vollständig abtrocknen lassen, anrichten und servieren.

HIMBEERGELEE MIT SCHOKOSAUCE

FÜR 4 PERSONEN:

- 400 g Himbeeren
- 1/2 Tasse Gummibärchen
- 1/2 l Himbeersaft
- 10 Blatt rote Gelatine
- 2 Päckchen Vanillezucker
- Zucker nach Geschmack
- Gummibärchen, Himbeeren und Melissenzweige zum Garnieren
- 1 Becher Sahne
- 1/2 Glas Nutella

ZUBEREITUNG:

1. Die Himbeeren verlesen, waschen, gut abtropfen lassen, mit den Gummibärchen vermischen und in dekorative Förmchen füllen.

2. Den Himbeersaft in einen Topf geben und erhitzen.

3. Die Gelatine in kaltes Wasser geben, ausquellen lassen und im erhitzten Himbeersaft vollständig auflösen lassen.

4. Den Saft mit Vanillezucker und Zucker nach Geschmack süßen.

5. Den Saft gleichmäßig auf den Himbeeren verteilen und das Ganze im Kühlschrank vollständig fest werden.

6. Wenn das Himbeergelee fest ist, auf Tellern anrichten, mit Gummibärchen, Himbeeren und Melissenzweigen ausgarnieren und mit der Nutellasauce servieren.

7. Für die Nutellasauce die Sahne und Nutella in einem Topf unter ständigem Rühren erhitzen, vom Feuer nehmen und erkalten lassen. Mit dem Himbeergelee servieren.

MOKKA-SOUFFLÉ

FÜR 4 PERSONEN:

- 40 g Butter
- 40 g Mehl
- 1/4 l Milch
- 100 g Nutella
- 2 EL Rum
- 2 EL Instant-Kaffeepulver
- 50 g Zucker
- ausgeschabtes Mark von 1 Vanilleschote
- 3 Eigelb
- 4 Eiweiß
- Puderzucker zum Bestäuben

ZUBEREITUNG:

1. Den Backofen auf 190 °C vorheizen und eine Auflaufform von 15 cm Durchmesser darin erwärmen.

2. Die Butter in einem Topf schmelzen lassen, vom Herd nehmen und das Mehl mit einem Schneebesen einrühren.

3. Nach und nach die Milch dazugeben, das Ganze aufkochen lassen und bei mittlerer Hitze drei Minuten weiter kochen lassen.

4. Nutella hinzufügen, den Rum, das Instant-Kaffeepulver sowie den Zucker und das Vanillemark dazugeben und so lange rühren, bis sich der Zucker aufgelöst hat.

5. Den Topf vom Herd nehmen, die Sauce abkühlen lassen und das Eigelb einrühren.

6. Das Eiweiß zu steifem Schnee schlagen, in eine große Schüssel füllen und die Nutellasauce darüber gießen.

7. Vorsichtig unterziehen und den Schaumteig in die vorgewärmte Auflaufform füllen.

8. Das Mokka-Soufflé 30 Minuten backen, herausnehmen, mit Puderzucker bestäuben und sofort servieren.

KARAMELBANANEN

FÜR 4 PERSONEN:

- 250 g Karamelbonbons
- 150 g Nutella
- 1 Becher Sahne
- 50 g geriebene Mandeln
- 4 Bananen
- 200 g Erdbeeren
- Saft von 1 Zitrone
- 1-2 EL Butter oder Margarine
- 1/2 Tasse Pinienkerne

ZUBEREITUNG:

1. Die Sahnekaramelbonbons mit Nutella und der Sahne in einen feuerfesten Topf geben.

2. Den Topf ins Wasserbad stellen und unter ständigem Rühren die Karamelbonbons mit der Schokolade auflösen.

3. Die geriebenen Mandeln einrühren.

4. Die Bananen schälen und in mundgerechte Stücke schneiden. Die Erdbeeren verlesen, waschen, gut abtropfen lassen und beides mit Zitronensaft beträufeln.

5. Die Butter oder Margarine in einer Pfanne erhitzen, die Bananen und die Erdbeeren darin kurz anschwitzen.

6. Die Karamelsauce auf Tellern anrichten, die Früchte gleichmäßig darauf verteilen, mit Pinienkernen bestreuen, ausgarnieren und servieren.

OBSTSALAT FÜR NASCHKATZEN

FÜR 4 PERSONEN:

1 Mangofrucht
1 Sternfrucht
4 Feigen
100 g Litschifrüchte
oder andere Früchte:
150 g Erdbeeren
4 Kiwifrüchte
4 Mandarinen
150 g Weintrauben
Außerdem:
1 Tasse Orangensaft
1/2 Tasse Maraschino
1 Päckchen Vanillezucker
Saft von 1 Zitrone
Zucker nach Geschmack
1 Glas Nutella

ZUBEREITUNG:

1. Die Mangofrucht dünn schälen, das Fruchtfleisch vom Kern lösen und das Fruchtfleisch in Würfel schneiden.

2. Die Sternfrucht waschen und in dünne Scheiben schneiden.

3. Die Feigen dünn schälen und halbieren oder vierteln.

4. Die Litschifrüchte schälen und entkernen. Die Früchte in eine Schüssel geben und alles vorsichtig miteinander vermischen.

5. Wenn Sie andere Früchte verwenden, diese entsprechend vorbereiten, in mundgerechte Stücke schneiden und in eine Schüssel geben.

6. Den Orangensaft mit dem Maraschino, dem Vanillezucker und dem Zitronensaft verrühren und mit Zucker nach Geschmack süßen.

7. Den Obstsalat damit anmachen, 10-15 Minuten ziehen lassen, nochmals abschmecken und anrichten.

8. Nutella in einen Spritzbeutel füllen und um den Obstsalat kleine Tupfen setzen.

9. Den Obstsalat ausgarnieren und servieren.

KRAPFEN MIT NOUGATCREME

FÜR 4 PERSONEN:

- 1/4 l Milch
- 1 1/2 Würfel Hefe
- 1-2 EL Zucker
- 900 g Mehl
- 100 g Butter oder Margarine
- 100 g Zucker
- 2 Päckchen Vanillezucker
- 1 EL geriebene Zitronenschale
- 3 Eier
- 3 Eigelb
- 1 Tasse saure Sahne
- 1 Prise Salz
- Fritierfett
- Nutella zum Füllen
- Puderzucker zum Bestäuben

ZUBEREITUNG:

1. Die Milch erwärmen, die Hefe hineinbröckeln, den Zucker einrühren und das Ganze 10 - 12 Minuten gehen lassen.

2. Das Mehl in eine Schüssel sieben, die flüssige Butter oder Margarine, den Zucker, den Vanillezucker, die Zitronenschale, die Eier, das Eigelb, die lauwarme saure Sahne und das Salz dazugeben.

3. Zum Schluss die Hefemilch zum Mehl geben, alles zu einem glatten Teig verarbeiten und mit einem Kochlöffel so lange schlagen, bis er Blasen wirft.

4. Zugedeckt an einem warmen Ort zur doppelten Größe aufgehen lassen.

5. Den Teig auf einer bemehlten Arbeitsfläche nochmals durcharbeiten und Kugeln abdrehen.

6. Die Kugeln nochmals kurz gehen lassen und im schwimmenden Fett goldgelb ausbacken.

7. Nutella in eine Spritze mit langer Spitze geben, die Krapfen füllen.

8. Mit Puderzucker bestäuben, auskühlen lassen und servieren.

FEINE PLUNDERTEILCHEN

FÜR 4 PERSONEN:

- 1/4 l Milch
- 1 Päckchen Hefe
- 1-2 EL Zucker
- 500 g Mehl
- 60 g Butter
- 60 g Zucker
- 1-2 Eier
- 250 g Butter
- 50 g Mehl
- 1 Glas Nutella
- 2 Tassen gemischte, gehackte Nüsse
- einige Tropfen Rum

ZUBEREITUNG:

1. Die Zutaten zu einem Teig verarbeiten und so lange schlagen, bis er Blasen wirft, an einem warmen Ort zur doppelten Menge aufgehen lassen.

2. Den Hefeteig 1/2-1 cm dick zu einem Rechteck ausrollen. Die Butter in Streifen schneiden, das Mehl darüber streuen, verkneten und kalt stellen.

3. Die restliche Butter zwischen zwei Pergamentbögen ausrollen und die Hälfte des Teiges damit belegen. Die andere Hälfte der Teigplatte darüber klappen.

4. Die Ränder andrücken und das Ganze nach den beiden offenen Seiten zu einem langen Band ausrollen. Der Teig muss etwa zentimeterdick sein.

5. Die Enden des Rechtecks nach innen schlagen und festdrücken. So zusammenlegen, dass der Teig vierfach aufeinander liegt. Etwa eine halbe Stunde im Kühlschrank ruhen lassen.

6. Den Teig erneut nach den beiden offenen Seiten hin zu einer Teigplatte von 1 cm Dicke ausrollen. Die Teigenden erneut einschlagen, das Teigband wiederum zusammenlegen und kalt stellen.

7. Diesen Vorgang ein drittes und viertes Mal wiederholen. Während der einzelnen Arbeitsgänge immer wieder eine halbe Stunde kalt stellen.

8. Für die Füllung Nutella mit den Nüssen und dem Rum in einer Schüssel verrühren. Zum Formen den Teig auf ein Arbeitsbrett geben und ausrollen.

9. Beliebige Formen ausschneiden, mit der Nutellamasse füllen, zusammenklappen und je nach Größe der Teigstücke 15-30 Minuten backen.

DIE SCHNELLE
NUTELLAKÜCHE

APFELAUFLAUF MIT STREUSELN

FÜR 4 PERSONEN:

- 2 EL Butter oder Margarine
- 4 säuerliche Äpfel
- Saft von 1 Zitrone
- 4 cl weißen Rum
- 1 Becher Sahne
- 1/2 Glas Nutella
- 100 g Rumrosinen
- 30 g gehackte Mandeln
- 30 g gehackte Haselnüsse
- 1 Päckchen Vanillezucker
- 300 g Mehl
- 200 g Butter oder Margarine
- 150 g Zucker
- 1/2 l Vanillesauce
- 1/2 Becher geschlagene, gesüßte Sahne

ZUBEREITUNG:

1. Eine Auflaufform ausfetten. Die Äpfel schälen, entkernen und in Scheiben schneiden.

2. Mit Zitronensaft und Rum beträufeln. Die Sahne mit Nutella glatt rühren und gleichmäßig über die Äpfel verteilen.

3. Die Äpfel in die Auflaufform schichten, die Rumrosinen, die Mandeln und die Haselnüsse mit dem Vanillezucker darüber streuen.

4. Das Mehl auf eine Arbeitsfläche sieben, die Butter oder Margarine in Flöckchen darauf setzen und den Zucker darüber streuen.

5. Das Ganze mit bemehlten Händen zu Streuseln verarbeiten.

6. Die Streusel gleichmäßig auf die Äpfel verteilen und das Ganze in dem auf 180-200 °C vorgeheizten Backofen 40-45 Minuten backen.

7. Nach Ende der Garzeit den Apfelauflauf herausnehmen, anrichten, mit heißer Vanillesauce überziehen und mit der geschlagenen Sahne garniert servieren.

BANANEN-ERDBEERSALAT

FÜR 4 PERSONEN:

- 1 Kopfsalat
- 4 Bananen
- Saft von 1 Zitrone
- 200 g Erdbeeren
- 1/2 Tasse Zitronenessig
- 1/2 Tasse Orangensaft
- 1 Becher Sahne
- 2-3 EL Nutella
- 1 TL grüne Pfefferkörner
- Salz
- Pfeffer aus der Mühle
- 40 g gehackte Nüsse

ZUBEREITUNG:

1. Den Kopfsalat verlesen, waschen, gut abtropfen lassen und in mundgerechte Stücke zerpflücken.

2. Die Bananen schälen, der Länge nach halbieren, vierteln und in etwa 1 cm dicke Scheiben schneiden. Mit Zitronensaft sofort beträufeln.

3. Die Erdbeeren verlesen, waschen, gut abtropfen lassen und in Scheiben schneiden.

4. Den Zitronenessig mit dem Orangensaft, der Sahne und Nutella verrühren, die grünen Pfefferkörner zerdrücken, unter das Dressing ziehen, mit Salz, Pfeffer und Zucker kräftig abschmecken.

5. Die Salatzutaten in eine Schüssel geben, vorsichtig miteinander vermischen und mit dem Dressing anmachen.

6. Den Salat dekorativ anrichten, mit den gehackten Nüssen bestreuen, ausgarnieren und sofort servieren.

AVOCADO-FRUCHTSALAT

FÜR 4 PERSONEN:

- 4 Avocados
- Saft von 1 Zitrone
- 2 Kiwifrüchte
- 2 Orangen
- 1 Banane
- 200 g Weintrauben
- 100 g Walnusskerne
- 1 Tasse Sahne
- 3-4 EL Nutella

ZUBEREITUNG:

1. Die Avocados schälen, halbieren, den Kern herauslösen, das Fruchtfleisch herausschaben und in kleine Würfel oder Scheiben schneiden. Sofort mit Zitronensaft beträufeln.

2. Die Kiwifrüchte dünn schälen und in Würfel oder Scheiben schneiden.

3. Die Orangen und die Banane ebenfalls schälen und würfeln, mit den gewaschenen und halbierten Weintrauben, den Walnüssen und den restlichen Früchten unter die Avocadostückchen heben.

4. Den Fruchtsalat in die Avocadohälften füllen und anrichten.

5. Nutella in eine Schüssel geben und glattrühren.

6. Den Salat mit der Creme überziehen, das Ganze ausgarnieren und servieren.

NUSSNOUGATCREME

FÜR 4 PERSONEN:

- 4 Eigelb, 100 g Zucker
- 3/8 l Milch
- 1/8 l starken Kakao
- 1/2 Glas Nutella
- 6 Blatt Gelatine
- 2 Eiweiß, 1 Prise Salz
- 1 Becher Sahne
- Kakaopulver zum Bestreuen

ZUBEREITUNG:

1. Das Eigelb mit dem Zucker im Wasserbad schaumig rühren.

2. Die Milch mit dem Kakao aufkochen lassen und den Eierschaum unterrühren. Vom Feuer nehmen, Nutella einrühren und die gewässerte, gut ausgedrückte Gelatine darin auflösen.

3. Die Creme erkalten lassen. Das Eiweiß mit dem Salz zu Schnee schlagen. Die Sahne steif schlagen und mit dem Eiweiß unter die Eiercreme heben. Die Nussnougatcreme in Gläser füllen, mit Kakaopulver bestreut servieren.

SÜSSE SPAGHETTI

FÜR 4 PERSONEN:

- 250 g Spaghetti
- 1 Päckchen Vanille-Saucenpulver
- 4 Pfirsichhälften (Dose)
- 1/2 Apfel
- 2 EL Mandarinen (Dose)
- 4 EL Nutella
- 1 Prise Salz
- 3-4 EL gehackte Pistazien
- Obst der Saison

ZUBEREITUNG:

1. Die Spaghetti in kochendem Salzwasser bissfest garen.

2. Das Vanille-Saucenpulver nach Anleitung, jedoch ohne Zucker kochen.

3. Die Pfirsichhälften, den Apfel und die Mandarinen klein schneiden, Nutella und eine Prise Salz unterheben und pürieren.

4. Die Spaghetti mit der Sauce anrichten, mit den gehackten Pistazien bestreuen und nach Wunsch mit Obst der Saison garnieren.

MELONENSALAT MIT RUM

FÜR 4 PERSONEN:

- 1 kleine Honigmelone
- 1/2 kleine Wassermelone
- Saft von 1 Zitrone
- einige Tropfen Maraschino
- 1 Becher Sahne
- 1 Päckchen Sahnesteif
- 4 cl Rum
- 1/2 Glas Nutella
- Pfefferminzblättchen zum Garnieren

ZUBEREITUNG:

1. Die Honigmelone halbieren und das Kerngehäuse herauslösen. Das Fruchtfleisch mit einem Kugelausstecher ausstechen.

2. Die Wassermelone entkernen. Das Fruchtfleisch mit einem Kugelausstecher ausstechen und in eine Schüssel geben.

3. Die Kugeln mit Zitronensaft und Maraschino beträufeln und im Kühlschrank 10-15 Minuten ziehen lassen. Anschließend im Eisfach kurz frosten.

4. Den Melonensalat anrichten. Die Sahne mit dem Sahnesteif steif schlagen.

5. Unter die Sahne den Rum und Nutella ziehen und den Melonensalat damit garnieren. Mit Pfefferminzblättchen verzieren und servieren.

FRUCHTMÜSLI MIT PUMPERNICKEL

FÜR 4 PERSONEN:

- 4 Scheiben Pumpernickel
- 1 Tasse Haferflocken
- 1/2 Glas Nutella
- 8 TL Ferment-Enzym-Getreide
- 800 g frische Früchte (Erdbeeren, Pfirsiche, Bananen, Äpfel, Birnen)
- 4 Becher Joghurt
- 4 Gläser Original Brottrunk
- 3–4 EL Honig

ZUBEREITUNG:

1. Den Pumpernickel fein zerbröseln, mit den Haferflocken in einer Pfanne kurz rösten.

2. Anschließend Nutella einrühren und leicht erhitzen, nicht kochen lassen.

3. Das Ganze abkühlen lassen, in tiefe Teller geben und das Ferment-Enzym-Getreide darüberstreuen.

4. Die frischen Früchte entsprechend vorbereiten, klein schneiden und unter den gerösteten Pumpernickel heben.

5. Den Joghurt cremig schlagen und gleichmäßig über das Fruchtmüsli verteilen.

6. Den Original Brottrunk mit Honig süßen, in Gläser füllen und mit dem Fruchtmüsli servieren.

OBSTSALAT MIT CORNFLAKES

FÜR 4 PERSONEN:

- 2 Bananen
- 2 Orangen
- 4 Kiwifrüchte
- 200 g Weintrauben
- Saft von 1 Zitrone
- 4 EL Honig
- 4 Becher Dickmilch
- 4-5 EL Nutella
- 4 Tassen Cornflakes
- 1/2 Tasse gehackte Nüsse

ZUBEREITUNG:

1. Die Bananen schälen und in Scheiben schneiden, die Orangen schälen und filieren, die Kiwifrüchte schälen und in Scheiben oder Würfel schneiden.

2. Die Weintrauben waschen, halbieren, mit den restlichen Früchten vermischen und mit Zitronensaft beträufeln.

3. Den Honig mit der Dickmilch und Nutella glattrühren.

4. Die Cornflakes mit den Früchten vermischen und dekorativ anrichten. Mit der Honigdickmilch überziehen.

5. Das Ganze mit gehackten Nüssen bestreuen, ausgarnieren und sofort servieren.

QUARK MIT FRÜCHTEN

FÜR 4 PERSONEN:

- 1 kleine Ananas, 2 Bananen
- 4 Kiwifrüchte
- Saft von 1 Zitrone
- 4-5 EL Nutella
- 500 g Speisequark
- 1 Schuss süße Sahne
- 2 Päckchen Vanillezucker
- 1 EL ger. Zitronenschale

ZUBEREITUNG:

1. Die Ananas schälen, halbieren, den Strunk herausschneiden und das Fruchtfleisch würfeln.

2. Die Bananen schälen und in Scheiben schneiden. Die Kiwifrüchte schälen und würfeln.

3. Die Früchte miteinander vermischen, mit Zitronensaft beträufeln.

4. Nutella mit dem Quark und der Sahne sowie dem Vanillezucker und der Zitronenschale in eine Schüssel geben und glatt schlagen.

5. Den Quark mit Zucker oder flüssigem Süßstoff je nach Geschmack süßen, die Früchte unterheben. Das Ganze dekorativ anrichten, ausgarnieren und sofort servieren.

Camembert mit Preiselbeer-Nougat

Für 4 Personen:

8 Camembert-Halbmonde
2 Eier
2 Tassen Semmelbrösel
1 Tasse Kokosflocken
Butterschmalz zum Braten
250 g Ananasscheiben
1 EL Butter oder Margarine
1 EL Zucker
1 Schuss Rotwein
1 Glas Preiselbeerkompott
einige Tropfen Zitronensaft
einige Tropfen Weinbrand
3-4 EL Nutella

Zubereitung:

1. Die Camembert-Halbmonde bereitlegen, die Eier verschlagen und die Camembert-Halbmonde darin wenden.

2. Die Semmelbrösel mit den Kokosflocken vermischen und die Halbmonde damit panieren.

3. Das Schmalz erhitzen und die Camembert-Halbmonde darin goldgelb ausbacken, herausnehmen und bereitstellen.

4. Die Ananasscheiben im verbliebenen Bratfett erhitzen.

5. Die Butter oder Margarine in einer Pfanne erhitzen und den Zucker darin karamelisieren lassen. Mit Rotwein loskochen.

6. Das Preiselbeerkompott dazugeben, einmal aufkochen lassen, mit Zitronensaft, Weinbrand und Nutella aromatisieren.

7. Die Camembert-Halbmonde mit den Ananasscheiben und den warmen Preiselbeeren dekorativ anrichten, mit Salatblättern und Kräuterzweigen ausgarnieren und sofort servieren.

FRUCHTIGE GRILLSCHNITTE

FÜR 4 PERSONEN:

100 g Doppelrahmfrischkäse
100 g Nutella
8 Scheiben Mehrkornbrot
1/2 Glas Kaiserkirschen
2 cl Kirschlikör

ZUBEREITUNG:

1. Den Doppelrahmfrischkäse mit Nutella glatt rühren und auf die Hälfte der Brotscheiben aufspritzen.

2. Die Kaiserkirschen gut abtropfen lassen, klein schneiden und auf der Nutellacreme verteilen.

3. Mit den restlichen Brotscheiben abdecken, in Alufolie wickeln und auf dem Grill von beiden Seiten fünf Minuten garen.

4. Die Fruchtigen Grillschnitten aus der Folie nehmen, in Streifen schneiden, dekorativ anrichten, ausgarnieren und servieren.

FRUCHTIGE HAMBURGER

FÜR 4 PERSONEN:

- 4 Hamburger-Brötchen mit Sesam
- 8 TL Nutella
- 50 g Erdbeeren
- 1 Kiwi
- 1 kleine Dose Mandarinenfilets
- 1 Becher Crème fraîche
- 4 TL gehackte Pistazien

ZUBEREITUNG:

1. Die Brötchen halbieren, toasten und jede Hälfte mit Nutella bestreichen.

2. Die Erdbeeren verlesen, waschen und vierteln, die Kiwi schälen und in mundgerechte Stücke schneiden.

3. Die Mandarinenfilets abtropfen lassen, mit den Erdbeeren und den Kiwistücken vermischen und auf den unteren Hälften der Brötchen verteilen.

4. Die Crème fraîche glatt rühren, auf dem Obst verteilen und mit gehackten Pistazien bestreuen.

5. Die oberen Brötchenhälften darauf setzen, das Ganze dekorativ anrichten, ausgarnieren und servieren.

FITNESSTELLER

FÜR 4 PERSONEN:

2 Bund Radieschen
1 Bund junge Möhrchen
1 Staude Bleichsellerie
Joghurt-Zitronendip oder
Schnittlauch-Sauerrahmdip

ZUBEREITUNG:

1. Die Radieschen putzen und waschen, die Möhrchen schälen und ebenfalls waschen.

2. Den Bleichsellerie putzen, in mundgerechte Stücke schneiden und das Gemüse anrichten.

3. Die Dips in Schälchen füllen, zum Gemüse geben, das Ganze ausgarnieren und sofort servieren.

JOGHURT-ZITRONENDIP

FÜR 4 PERSONEN:

2 Becher Joghurt
Saft von 2 Zitronen
3-4 EL Nutella
Salz
Pfeffer aus der Mühle
einige Tropfen
Worcestersauce
1 Bund Zitronenmelisse

ZUBEREITUNG:

1. Den Joghurt, den Zitronensaft und Nutella glatt rühren, mit Salz, Pfeffer, Zucker und der Worcestersauce abschmecken, die fein gehackten Zitronenmelisse untermischen, ausgarnieren und servieren.

SCHNITTLAUCH-SAUERRAHMDIP

FÜR 4 PERSONEN:

2 Becher Sauerrahm
Saft von 1 Zitrone
2-3 EL Nutella
Salz, Pfeffer aus der Mühle
1 Prise Zucker
einige Tropfen
Worcestersauce
2 Bund Schnittlauch

ZUBEREITUNG:

1. Den Sauerrahm, den Zitronensaft und Nutella glatt rühren, abschmecken, den fein geschnittenen Schnittlauch untermischen, ausgarnieren und servieren.

KRABBENSALAT MIT ANANAS

FÜR 4 PERSONEN:

500 g Krabben oder
Crevetten
4 Scheiben Ananas
1 Dose Champignons
in Scheiben
1 Tasse leichte
Salatmayonnaise
1 Becher Joghurt
Saft von 1 Zitrone
1 Tasse Tomatenketchup
4 cl Sherry, medium
2-3 EL Nutella
einige Tropfen Apfelessig
Salz, Pfeffer aus der Mühle
1 Prise Zucker
1 Prise Cayennepfeffer
1 Bund Dill

ZUBEREITUNG:

1. Die Krabben unter fließendem Wasser waschen, gut abtropfen lassen, die Ananasscheiben in feine Würfel schneiden.

2. Die Champignons gut abtropfen lassen. Die Zutaten in einer Schüssel vorsichtig vermischen.

3. Für das Dressing die Salatmayonnaise mit dem Joghurt, dem Zitronensaft, dem Ketchup sowie dem Sherry und Nutella in einer Schüssel glatt rühren.

4. Das Dressing mit Apfelessig, Salz, Pfeffer, Zucker und Cayennepfeffer abschmecken und den Salat damit anmachen. Kurz ziehen lassen und nachschmecken.

5. Den Salat dekorativ anrichten, mit dem verlesenen, gewaschenen und fein gehackten Dill bestreuen, ausgarnieren und sofort servieren.

MAKKARONI „TOSKANA"

FÜR 4 PERSONEN:

400 g Makkaroni
Salzwasser
1–2 EL Olivenöl
Außerdem:
1/2 Tasse Olivenöl
1 Zwiebel
je 1 rote, grüne und gelbe Paprikaschote
1 Glas schwarze Oliven
1 Becher Käsesauce mit Tomaten und Basilikum
2-3 EL Nutella
1 Bund Basilikum
Für den Salat:
1 kleinen Kopf Eisbergsalat
2-3 Tomaten
1 Zwiebel
einige Tropfen Aceto balsamico
einige Tropfen Olivenöl
Salz, Pfeffer aus der Mühle

ZUBEREITUNG:

1. Die Makkaroni im Salzwasser mit dem Olivenöl bissfest garen, abgießen, abschrecken, gut abtropfen lassen und bereitstellen.

2. Das Olivenöl in einem Topf erhitzen und die geschälte und fein gehackte Zwiebel darin glasig schwitzen.

3. Die Paprikaschoten putzen, halbieren, entkernen, in Stücke schneiden, mit den Oliven zu den Zwiebeln geben und kräftig braten.

4. In der Zwischenzeit die Käsesauce mit Tomaten und Basilikum leicht erhitzen, jedoch nicht zum Kochen bringen und Nutella unterziehen.

5. Die Makkaroni zum Gemüse geben, durchschwenken, erhitzen, anrichten, mit der Käsesauce überziehen, mit Basilikumblättchen garnieren und mit dem Eisbergsalat servieren.

6. Für den Salat den Eisbergsalat verlesen, waschen, gut abtropfen lassen, in mundgerechte Stücke zerpflücken und in eine Schüssel geben.

7. Die Tomaten waschen, den Strunk herausschneiden, würfeln, mit der geschälten und fein gehackten Zwiebel unter den Eisbergsalat heben.

8. Den Salat mit Aceto balsamico und Olivenöl beträufeln, mit Salz und Pfeffer würzen und zu den Makkaroni servieren.

RIGATONI MIT BROCCOLI

FÜR 4 PERSONEN:

400 g Rigatoni
Salzwasser
1–2 EL Olivenöl
Außerdem:
600 g Broccoliröschen
1/4 l Gemüsebrühe
4–6 Tomaten
3–4 EL Olivenöl
2 Becher Käsesauce mit Tomaten und Basilikum
2-3 EL Nutella
1 Bund Basilikum

ZUBEREITUNG:

1. Die Rigatoni im Salzwasser mit dem Olivenöl bissfest garen, abgießen, abschrecken, gut abtropfen lassen und bereitstellen.

2. Die Broccoliröschen putzen, waschen und in mundgerechte Stücke schneiden, die Gemüsebrühe erhitzen und die Broccoliröschen darin bissfest garen.

3. Die Tomaten enthäuten, entkernen und in Würfel schneiden.

4. Das Olivenöl in einer Pfanne erhitzen, die Broccoliröschen dazugeben, kurz dünsten, anschließend die Tomaten und die Rigatoni unterheben, kurz durchschwenken und erhitzen.

5. In der Zwischenzeit die Käsesauce mit Tomaten und Basilikum erhitzen, nicht kochen lassen und Nutella unterziehen.

6. Die Rigatoni mit Broccoli dekorativ anrichten, mit der Käsesauce mit Tomaten und Basilikum überziehen, mit Basilikumblättchen ausgarnieren und servieren.

FITNESS-SCHÜSSEL

FÜR 4 PERSONEN:

1 kleinen Eisbergsalat
200 g Partytomaten
1 Bund Frühlingszwiebeln
1 rote Paprikaschote
1 gelbe Paprikaschote
100 g Sojabohnenkeimlinge
4 Pfirsichhälften
100 g Edamer
100 g mageren, gekochten Schinken
1 Becher saure Sahne
1/2 Tasse Tomatenketchup
1 TL Paprikapulver
1 TL Currypulver
2-3 EL Nutella
Saft von 1 Zitrone
Salz, Pfeffer aus der Mühle
1 Bund Schnittlauch

ZUBEREITUNG:

1. Den Eisbergsalat verlesen, waschen, abtropfen lassen und in mundgerechte Stücke zerpfücken.

2. Die Tomaten waschen, je nach Bedarf halbieren oder vierteln. Die Frühlingszwiebeln putzen und in feine Ringe schneiden.

3. Die Paprikaschoten halbieren, entkernen, waschen, gut abtropfen lassen und in Streifen schneiden.

4. Die Sojabohnenkeimlinge verlesen, waschen und gut abtropfen lassen. Die Pfirsichhälften klein schneiden.

5. Die Salatzutaten in eine Schüssel geben und alles miteinander vermischen.

6. Den Edamer und den Schinken in Streifen schneiden und unter den Salat heben.

7. Für das Dressing die saure Sahne mit dem Tomatenketchup, dem Paprikapulver, dem Currypulver, Nutella und dem Zitronensaft glatt rühren, mit Salz und Pfeffer würzen und den Salat damit anmachen.

8. Den Salat kurz durchziehen lassen, nochmals abschmecken, anrichten, ausgarnieren und sofort servieren.

MEXIKANISCHER SALAT

FÜR 4 PERSONEN:

- 2 Zwiebeln
- 1 rote Peperoni
- 1 grüne Paprikaschote
- 1 rote Paprikaschote
- 1 Dose Kidneybohnen
- 1 Dose Zuckermais
- 1 Tasse Aceto balsamico
- 1 Tasse Olivenöl
- 3-4 EL Nutella
- Salz, Pfeffer aus der Mühle
- 4 Tomaten
- 2 Bund Schnittlauch
- 4 Portionen Tortilla-Käse-Chips

ZUBEREITUNG:

1. Die Zwiebeln schälen und in Scheiben schneiden. Die Peperoni putzen, halbieren, entkernen und in Streifen schneiden.

2. Die Paprikaschoten halbieren, entkernen, waschen, gut abtropfen lassen und in feine Würfel schneiden.

3. Die Zwiebeln, die Peperoni, die Paprikaschoten, die abgetropften Kidneybohnen und den Zuckermais in eine Schüssel geben und vorsichtig miteinander vermischen.

4. Den Aceto balsamico, das Olivenöl und Nutella unterrühren, mit Salz und Pfeffer würzen.

5. Die Tomaten waschen, den Strunk herausschneiden, die Tomaten in kleine Würfel schneiden und unter den Salat heben.

6. Den verlesenen, gewaschenen und fein geschnittenen Schnittlauch ebenfalls unterheben und den Salat im Kühlschrank mindestens 15 Minuten ziehen lassen.

7. Anschließend den Salat kräftig abschmecken, dekorativ anrichten, ausgarnieren, die Tortilla-Käse-Chips dazugeben und servieren.

KNACKIGER APFELSALAT

FÜR 4 PERSONEN:

150 g Frühstücksschinken
3 Äpfel
2 Bananen
1 kleinen Bleichsellerie
1/2 Bund Frühlingszwiebeln
Saft von 1 Zitrone
1 TL geriebene Zitronenschale
1 Bund Schnittlauch
1/2 Bund Petersilie
1/2 Tasse Apfelessig
1 Tasse Orangensaft
2-3 EL Nutella
Salz, Pfeffer aus der Mühle
50 g gehackte Haselnüsse

ZUBEREITUNG:

1. Den Frühstücksschinken in feine Würfel schneiden und in einer Pfanne knusprig braten. Anschließend auf ein Küchenpapier geben und abtropfen lassen.

2. Die Äpfel waschen, halbieren, das Kerngehäuse entfernen und das Fruchtfleisch in Stücke schneiden.

3. Die Bananen schälen und in Scheiben schneiden. Den Bleichsellerie putzen und in feine Scheibchen schneiden.

4. Die Frühlingszwiebeln verlesen, waschen, gut abtropfen lassen und klein schneiden. Mit den restlichen Zutaten in eine Schüssel geben und vorsichtig miteinander vermischen.

5. Den Salat mit dem Zitronensaft beträufeln und mit der Zitronenschale bestreuen.

6. Die Kräuter verlesen, waschen, gut abtropfen lassen, klein schneiden und unter den Salat heben.

7. Den Essig mit dem Orangensaft und Nutella verrühren, mit Salz und Pfeffer kräftig abschmecken und den Salat damit anmachen.

8. Den Salat kurz durchziehen lassen, anrichten, mit den Haselnüssen bestreuen, ausgarnieren und sofort servieren.

Mal deftig, mal pikant

SÜSS-SAURE GEMÜSEPASTETCHEN

FÜR 4 PERSONEN:

4 Scheiben Blätterteig (TK-Produkt)
Mehl zum Bestäuben
1 Eigelb
Außerdem:
500 g Putenbrustfilets
1 EL Kräuter der Provence
2–3 EL Butterschmalz
Salz, Pfeffer aus der Mühle
1 Zwiebel
je 100 g Karotten, grüne Erbsen und Zuckermais (TK-Produkt)
1 kleines Glas Silberzwiebeln
1 Schuss Weißwein
1 Tasse Gemüsebrühe
3-4 EL Obstessig
2-3 EL Nutella
1 Handvoll Kräuter (Kerbel, Rosmarin, Estragon, Melisse)

ZUBEREITUNG:

1. Die Blätterteigscheiben leicht antauen lassen und halbieren.

2. Aus vier Blätterteighälften in der Mitte ein Loch ausstechen und bereitlegen. Das Eigelb mit etwas Wasser glattrühren und die Blätterteigscheiben damit bestreichen.

3. Je eine Blätterteigscheibe ohne Loch mit einer mit Loch belegen, die Scheiben andrücken, die Scheiben und die Kreise auf ein mit Wasser benetztes Backblech setzen und in dem auf 180-200 °C vorgeheizten Backofen in 15–20 Minuten garen.

4. In der Zwischenzeit die Putenbrustfilets waschen, trockentupfen, in Streifen schneiden und mit Kräutern der Provence würzen.

5. Das Butterschmalz in einer Pfanne erhitzen und das Fleisch darin unter ständigem Rühren braten. Mit Salz und Pfeffer würzen, herausnehmen und warm stellen.

6. Die Zwiebel schälen, in feine Würfel schneiden, ins verbliebene Bratfett geben und glasig schwitzen.

7. Die Karotten, die Erbsen und den Mais dazugeben und kurz dünsten.

8. Die gut abgetropften Silberzwiebeln dazugeben, mit Weißwein ablöschen und mit der Gemüsebrühe auffüllen.

9. Das Gemüse bei mäßiger Hitze bissfest garen, das Fleisch unterheben, einmal aufkochen lassen, mit Obstessig und Nutella verfeinern, -mit Salz und Pfeffer würzen.

10. Die verlesenen, gewaschenen und fein gehackten Kräuter unterziehen. Die Blätterteigpastetchen dekorativ anrichten, mit dem Geschnetzelten füllen und sofort servieren.

BLUMENKOHL MIT BANANENCREME

FÜR 4 PERSONEN:

1 kg Blumenkohl
1/2 l Gemüsebrühe
1 Zwiebel, 2 Bananen
Saft von 1/2 Zitrone
1 Becher Crème fraîche
3-4 EL Nutella
Salz, Pfeffer aus der Mühle
1 Prise Muskat
50 g geriebenen Gouda
Speisestärke zum Binden
100 g gekochten Schinken
1 Bund Petersilie

ZUBEREITUNG:

1. Den Blumenkohl verlesen, waschen, gut abtropfen lassen, mit der Gemüsebrühe in einen Topf geben und bei mäßiger Hitze bissfest garen.

2. Die Zwiebel schälen, fein hacken. Die Bananen schälen, in Scheiben schneiden, mit Zitronensaft beträufeln.

3. Die Zwiebel und die Bananen mit 3/8 l Blumenkohlsud in einen Topf geben und 5-8 Minuten garen.

4. Die Crème fraîche und Nutella einrühren und das Ganze pürieren.

5. Die Sauce erneut erhitzen, mit Salz, Pfeffer und Muskat abschmecken und den geriebenen Gouda unterziehen, so lange rühren, bis der Käse vollständig geschmolzen ist.

6. Je nach Bedarf die Sauce mit Speisestärke leicht binden, den Blumenkohl anrichten, mit der Sauce überziehen und mit dem in Streifen geschnittenen Schinken und der verlesenen, gewaschenen und fein gehackten Petersilie bestreuen.

7. Den Blumenkohl ausgarnieren, anrichten und sofort servieren.

POULARDENBRUST MIT PILZSAUCE

FÜR 4 PERSONEN:

600 g kleine Kartoffeln
Salzwasser
8 Poulardenbrustfilets
Salz, Pfeffer aus der Mühle
Butter oder Margarine zum Braten
1 Schuss Weißwein
1 Zwiebel
250 g frische Pilze
2 Becher Sahne
2-3 EL Nutella
2-3 EL Apfelessig
400 g Zuckerschoten
Gemüsebrühe zum Blanchieren

ZUBEREITUNG:

1. Die Kartoffeln waschen, schälen, tournieren, das heißt, in Kugelform schneiden.

2. Die Kartoffeln in Salzwasser garen, abgießen und bereitstellen.

3. Die Poulardenbrustfilets unter fließendem Wasser waschen, trockentupfen, mit Salz und Pfeffer würzen.

4. Butter oder Margarine in einer Pfanne erhitzen, die Poulardenbrustfilets darin braten, mit Weißwein ablöschen.

5. In dem auf 180-200 °C vorgeheizten Backofen 10-15 Minuten garen.

6. Für die Pilzsauce etwas Butter oder Margarine in einer Pfanne erhitzen und die geschälte und fein gehackte Zwiebel darin glasig schwitzen.

7. Die Pilze putzen, in feine Scheiben schneiden, zur Zwiebel geben und kurz mitbraten.

8. Mit der Sahne angießen und kurz einreduzieren lassen, mit Nutella, Apfelessig Salz und Pfeffer abschmecken.

9. Etwas Butter oder Margarine in einer Pfanne erhitzen, die geputzten und in Gemüsebrühe blanchierten Zuckerschoten im Fett kurz schwenken, mit Salz und Pfeffer würzen.

10. Die Butter oder Margarine in einer Pfanne erhitzen und die Kartoffeln darin kurz braten.

11. Die Pilze, die Poulardenbrustfilets, die Zuckerschoten und die Kartoffeln dekorativ anrichten, ausgarnieren und sofort servieren.

POULARDE IN PIKANTER SAUCE

ZUBEREITUNG:

1. Die Poularde in acht Teile zerteilen, waschen, trockentupfen, mit Salz und Pfeffer würzen und im Mehl wenden.

2. Den Speck würfeln. Das Butterschmalz erhitzen und die Poularde darin Farbe nehmen lassen.

3. Den Speck dazugeben und kurz mitbraten. Mit Rotwein ablöschen und die Sojasauce einrühren.

4. Das Lorbeerblatt, den Thymianzweig, die gewaschene und klein geschnittene Petersilie und die geschälten Schalotten dazugeben.

5. Die Knoblauchzehen in Stifte schneiden, dazugeben und im auf 200 °C vorgeheizten Ofen 30 Minuten schmoren lassen.

6. Inzwischen die Egerlinge putzen, vierteln, mit Zitronensaft beträufeln und anschließend zur Poularde geben. Weitere 15 Minuten garen.

7. Nach Ende der Garzeit das Ganze mit Nutella abschmecken, die Butterflöckchen darunterziehen, dekorativ anrichten, mit Kräuterzweigen ausgarnieren und mit Baguette servieren.

FÜR 4 PERSONEN:

- 1 küchenfertige Poularde
- Salz, Pfeffer aus der Mühle
- 1/2 Tasse Mehl
- 150 g durchwachsenen, geräucherten Speck
- 50 g Butterschmalz
- 1/2 l Rotwein
- 1/2 Tasse Sojasauce
- 1 Lorbeerblatt
- 1 Zweig Thymian
- 1/2 Bund Petersilie
- 12 Schalotten
- 2–3 Knoblauchzehen
- 250 g Egerlinge
- Saft von 1 Zitrone
- 2-3 EL Nutella
- 50 g Butter
- Kräuterzweige zum Garnieren

QUARKKNÖDEL MIT NOUGATZWETSCHGEN

FÜR 4 PERSONEN:

- 500 g Speisequark
- 5 Eier
- 1 EL geriebene Zitronenschale
- 1 Päckchen Vanillezucker
- 4 EL Zucker
- 200 g Weizenmehl
- 12-16 Stück Würfelzucker
- 12-16 Zwetschgen
- Salzwasser
- 400 g Zwetschgen
- 2 EL Zucker
- 1/4 l Rotwein
- 4 cl Zwetschgenwasser
- 1/2 Glas Nutella

ZUBEREITUNG:

1. Den Quark mit den Eiern in eine Schüssel geben und glatt rühren.

2. Die Zitronenschale, den Vanillezucker und den Zucker dazugeben. Darunter schlagen, bis sich der Zucker aufgelöst hat.

3. Das Weizenmehl sieben und mit dem Quark zu einem glatten, geschmeidigen Teig verarbeiten.

4. Portionsweise Knödel abdrehen, den Würfelzucker in die geputzten, entkernten, halbierten Zwetschgen füllen und je eine Zwetschge in den Knödel einarbeiten.

5. Salzwasser zum Kochen bringen. Mit Zucker verfeinern und die Knödel 15-20 Minuten gar ziehen lassen.

6. Die restlichen Zwetschgen waschen, halbieren, entkernen, in Scheiben schneiden und bereitstellen.

7. Den Zucker in einer Pfanne karamelisieren lassen. Mit Rotwein ablöschen und den Zuckerkaramel loskochen.

8. Das Zwetschgenwasser mit Nutella einrühren, die Zwetschgen dazugeben und 8-10 Minuten bei mäßiger Hitze ziehen lassen.

9. Die Quarkknödel anrichten, mit den Nougatzwetschgen ausgarnieren und servieren.

RITTER DER KOKOSNUSS

FÜR 4 PERSONEN:

- 8 dünne Scheiben Toastbrot
- 5–6 EL Nutella
- 1 Ei
- 1/8 l Vollmilch
- 1 Prise Salz
- 1 Päckchen Vanillezucker
- 100 g Kokosraspel
- Butter zum Ausbacken

Außerdem:

- 4 EL Aprikosenkonfitüre
- 4 EL Aprikosensaft
- 200 g frische Heidelbeeren

ZUBEREITUNG:

1. Die Toastscheiben diagonal über Kreuz halbieren, so dass je 4 kleine Ecken entstehen.

2. Die Hälfte der Toastecken mit Nutella bestreichen und mit den restlichen Toastecken belegen. Leicht andrücken.

3. Das Ei mit der Vollmilch, dem Salz und dem Vanillezucker in eine Schüssel geben und verschlagen.

4. Die Toastecken durch die Eimilch ziehen und mit den Kokosraspeln panieren.

5. Die Butter in einer Pfanne erhitzen und die Toastscheiben darin auf beiden Seiten goldgelb ausbacken.

6. Die Aprikosenkonfitüre mit dem Aprikosensaft in einen Topf geben und unter ständigem Rühren erhitzen. Die gewaschenen Heidelbeeren dazugeben und einmal kurz durchschwenken.

7. Die Toastbrotscheiben dekorativ anrichten, mit den Heidelbeeren überziehen, ausgarnieren und sofort servieren.

BLATTSALAT MIT BANANEN

FÜR 4 PERSONEN:

- 4 Bananen
- 400 g Tomaten
- 1 Kopf Blattsalat (Lollo Rosso oder Kopfsalat)
- 50 g Pinienkerne
- 1 Scheibe Pumpernickel
- Salz
- weißen Pfeffer aus der Mühle
- 1/2 Tasse milden Weinessig
- 2–3 EL Nutella
- 4 EL kaltgepresstes Olivenöl
- 1/2 Bund Petersilie
- 1/2 Bund Salbei

ZUBEREITUNG:

1. Die Bananen schälen und in Scheiben schneiden. Die Tomaten waschen, den Strunk herausschneiden und die Tomaten achteln.

2. Den Blattsalat waschen und in mundgerechte Stücke zerpflücken.

3. Die Pinienkerne in einer trockenen Pfanne rösten. Den Pumpernickel zerbröckeln, dazugeben und ebenfalls kurz mitrösten.

4. Die Pinienkerne mit dem Pumpernickel, dem Salat, den Tomaten und den Bananen vermischen und das Ganze mit Salz und Pfeffer würzen.

5. Den Essig mit Nutella und dem kaltgepressten Olivenöl verrühren.

6. Salzen, pfeffern, die verlesenen, gewaschenen und fein gehackten Kräuter unterziehen und den Salat damit beträufeln.

7. Den Blattsalat anrichten, ausgarnieren und sofort servieren.

KASSELER MIT CALVADOSÄPFELN

FÜR 4 PERSONEN:

- 800 g Kasseler ohne Knochen
- 2-3 EL Butterschmalz
- einige Zweige Rosmarin
- 1 Schuss Weißwein
- 1/2 l Bratenfond oder Bratensauce
- 1 Tasse eingeweichte Rosinen
- 1-2 EL Nutella
- 2-3 EL Obstessig
- Salz, Pfeffer aus der Mühle
- 1 Prise Cayennepfeffer

Außerdem:

- 4 säuerliche Äpfel
- Saft von 1 Zitrone
- 6 cl Calvados
- 1/4 l Apfelsaft
- 4 Portionen Kartoffelpüree

ZUBEREITUNG:

1. Das Kasseler in einen mit Butterschmalz ausgefetteten Bräter legen. Die Rosmarinzweige dazugeben, mit einem Schuss Weißwein angießen und im auf 180-200 °C vorgeheizten Ofen 15-20 Minuten garen.

2. Nach Ende der Garzeit das Kasseler herausnehmen und warm stellen. Den Bratensaft mit dem Bratenfond ablöschen und zum Kochen bringen.

3. Die eingeweichten Rosinen mit Nutella und dem Obstessig unter die Sauce ziehen, die Sauce mit Salz, Pfeffer und Cayennepfeffer abschmecken, das Kasseler einsetzen und in der Sauce warm halten.

4. Die Äpfel halbieren, das Kerngehäuse herauslösen, die Apfelhälften mit Zitronensaft und Calvados beträufeln und in einen Topf setzen.

5. Den Apfelsaft angießen und das Ganze zum Kochen bringen. Die Äpfel in der Sauce bissfest garen.

6. Das Kasseler mit Calvadosäpfeln dekorativ anrichten, mit der Sauce überziehen und mit je einer Portion Kartoffelpüree servieren.

FILETS IM KNUSPERMANTEL

FÜR 4 PERSONEN:

- 4 Putenbrustfilets á 200 g
- Salz, Pfeffer aus der Mühle
- 1 Tasse Mehl
- 2 Eier, 2-3 EL Nutella
- 1/2 Tasse Semmelbrösel
- 100 g geriebenen Butterkäse
- 1 Bund Petersilie
- 1/2 Tasse gehackte Nüsse
- Fett zum Braten
- 8 Scheiben Gouda

Außerdem:

- 6-8 Tomaten
- 3-4 EL Olivenöl
- 1 Zwiebel
- 1/2 Bund Basilikum
- 1/2 Bund Oregano
- 1 Prise Cayennepfeffer
- 1 Prise Zucker
- 4 Portionen Kartoffelschnee

ZUBEREITUNG:

1. Die Putenbrustfilets mit Salz und Pfeffer würzen und im Mehl wenden.

2. Die Eier mit Nutella in eine Schüssel geben und verschlagen. Die Brösel mit dem Käse, etwas gehackter Petersilie und den Nüssen vermischen.

3. Die Filets durch die Eier ziehen und in der Panade panieren.

4. Das Fett erhitzen und die Putenfilets darin braten. Herausnehmen und auf eine feuerfeste Platte legen.

5. Die Putenbrustfilets mit dem in Scheiben geschnittenen Käse belegen und unter dem Grill überbacken.

6. Die verlesene, gewaschene und fein gehackte Petersilie darüber streuen und die Filets im Knuspermantel auf der Tomatensauce anrichten.

7. Für die Tomatensauce die Tomaten enthäuten, entkernen und in Würfel schneiden. Das Olivenöl in einer Pfanne erhitzen und die geschälte und fein gehackte Zwiebel darin glasig schwitzen.

8. Die Tomaten dazugeben und mitschwitzen. Die verlesenen, gewaschenen und fein gehackten Kräuter unterziehen.

9. Die Sauce mit Salz, Pfeffer, Cayennepfeffer und Zucker kräftig abschmecken, zu den Putenbrustfilets geben, das Ganze ausgarnieren und mit je einer Portion Kartoffelschnee servieren.

LACHS-THUNFISCH-RAGOUT

FÜR 4 PERSONEN:

- 400 g Lachsfilet
- 400 g Thunfischfilet
- Saft von 1 Zitrone
- 3-4 EL Sojasauce
- 2-3 EL Nutella
- Salz
- Pfeffer aus der Mühle
- 1 Stück Ingwerwurzel
- 2-3 EL Essig
- 1 Tasse Fisch- oder Gemüsebrühe
- 1/2 Tasse Sojasauce
- 1 Kopf Chinakohl
- 4 Portionen bissfest gegarten Reis
- 1 Bund Schnittlauch

ZUBEREITUNG:

1. Die Lachs- und Thunfischfilets waschen, trockentupfen, in mundgerechte Würfel schneiden, mit Zitronensaft beträufeln, die Sojasauce mit Nutella verrühren und die Fischwürfel damit einstreichen, mit Salz und Pfeffer würzen und im Kühlschrank 10-15 Minuten ziehen lassen.

2. In der Zwischenzeit die Ingwerwurzel schälen und fein reiben.

3. Mit dem Essig, der Fisch- oder Gemüsebrühe und der Sojasauce in einen Topf geben und fünf Minuten köcheln lassen.

4. Den Chinakohl putzen, den Strunk herausschneiden und den Chinakohl in 2 cm breite Streifen schneiden.

5. Die Chinakohlstreifen mit der Ingwerwürzsauce beträufeln und in einen Dampftopf geben.

6. Die Fischwürfel gleichmäßig darauf verteilen und im Dampftopf 10 Minuten dämpfen.

7. Das Lachs-Thunfisch-Ragout mit dem Chinakohl dekorativ anrichten, den bissfest gegarten Reis dazugeben, mit frisch geschnittenem Schnittlauch bestreuen, ausgarnieren und sofort servieren.

FÜR 4 PERSONEN:

- Pro Person 5-6 geschälte Scampischwänze
- Saft von 1 Zitrone
- einige Tropfen Sojasauce
- einige Tropfen Obstessig
- Salz
- Pfeffer aus der Mühle
- 4 EL Sojaöl
- 2 Zwiebeln
- 2 grüne Paprikaschoten
- 100 g ungesalzene Erdnüsse
- 1 Glas Weißwein
- 3/8 l gebundene Helle Sauce
- 2 EL Currypulver
- 2-3 EL Nutella
- 2 EL Aprikosengelee
- 2–3 EL Obstessig
- 1 Prise Cayennepfeffer
- 1 Prise Zucker
- 1 Becher Créme fraîche

SCAMPIS IN CURRYSAUCE

ZUBEREITUNG:

1. Die Scampischwänze waschen, trockentupfen, mit Zitronensaft, Sojasauce und Obstessig beträufeln, mit Salz und Pfeffer würzen und im Kühlschrank 15 Minuten ziehen lassen.

2. Das Sojaöl erhitzen und die Scampischwänze darin braten. Herausnehmen und warm stellen.

3. Die Zwiebeln schälen, in feine Scheiben schneiden, ins verbliebene Bratfett geben und unter ständigem Rühren kurz braten.

4. Die Paprikaschoten putzen, halbieren, entkernen, waschen, in Streifen schneiden, zu den Zwiebeln geben und kurz mitbraten.

5. Die ungesalzenen Erdnüsse zum Gemüse geben, mit Weißwein ablöschen und mit der gebundenen Hellen Sauce auffüllen.

6. Das Currypulver, Nutella, das Aprikosengelee und den Obstessig einrühren und das Ganze bei mäßiger Hitze 4-5 Minuten köcheln lassen.

7. Mit Salz, Pfeffer, Zitronensaft, Sojasauce, Cayennepfeffer und Zucker abschmecken und mit der Créme fraîche verfeinern.

8. Die Scampis unter die Sauce heben, das Ganze erhitzen, abschmecken, dekorativ anrichten, ausgarnieren und servieren. Dazu reicht man Butterreis mit Orangenjulienne.

ROTBARSCH IN SESAMKRUSTE

FÜR 4 PERSONEN:

100 g Shiitake-Pilze
1/4 l Gemüsebrühe
800 g Rotbarschfilets
Saft von 1 Zitrone
einige Tropfen Sojasauce
Salz, Pfeffer aus der Mühle
1 Tasse Mehl, 2 Eier
1/2 Tasse Semmelbrösel
1/2 Tasse Sesamsamen
3-4 EL Butterschmalz
Außerdem:
Olivenöl zum Braten
1 TL Kurkuma
1 TL Kreuzkümmel
250 g Basmatireis
1/2 l Gemüsebrühe
2 Zwiebeln
2 rote Paprikaschoten
200 g Bambussprossen
1 EL ger. Zitronenschale
Saft von 1 Zitrone
1 Tasse Sojasauce
2-3 EL Nutella

ZUBEREITUNG:

1. Die Shiitake-Pilze in der Brühe eine halbe Stunde einweichen.

2. Die Filets waschen, mit Zitronensaft und Sojasauce beträufeln, mit Salz und Pfeffer würzen und 10 Minuten ziehen lassen.

3. Die Filets in Mehl wenden, die Eier verschlagen, die Semmelbrösel und die Sesamsamen miteinander vermischen.

4. Die Filets durch das Ei ziehen und panieren. Das Butterschmalz in einem Topf erhitzen und die Rotbarschfilets darin von beiden Seiten braten,

5. Das Olivenöl in einem Topf erhitzen, Kurkuma und Kreuzkümmel einrühren, den gewaschenen Basmatireis dazugeben, mit der Gemüsebrühe auffüllen, zum Kochen bringen und den Reis bissfest garen.

6. Nebenbei etwas Olivenöl in einer anderen Pfanne erhitzen und die geschälten und in Stifte geschnittenen Zwiebeln darin glasig schwitzen.

7. Die Paprikaschoten in Würfel schneiden, zu den Zwiebeln geben und unter ständigem Rühren braten.

8. Die Bambussprossen und die gut abgetropften Shiitake-Pilze klein schneiden, zum Gemüse geben und mitbraten.

9. Die Zitronenschale, den Zitronensaft sowie die Sojasauce und Nutella dazugeben und 6-8 Minuten garen.

10. Nach Ende der Garzeit das Gemüse dekorativ anrichten, die gebakkenen Sesamfilets darauf legen, den Basmatireis dazugeben, ausgarnieren und sofort servieren.

Desserts und andere Köstlichkeiten

BRANDTEIGRINGE

FÜR 4 PERSONEN:

0, 2 l Wasser
75 g Butter
150 g Weizenmehl
2 EL gemahlene Mandeln
4 Eier
1/2 Glas Nutella
Früchte nach Wahl
1 Päckchen klaren Tortenguss
geschlagene, gesüßte Sahne und Pistazien zum Garnieren

ZUBEREITUNG:

1. Das Wasser mit der Butter in einem Topf aufkochen, vom Herd nehmen und das Mehl einrühren.

2. Den Topf wieder auf den Herd stellen und so lange rühren, bis ein Teigkloß entsteht und sich am Topfboden eine weiße Haut bildet.

3. Den Teig in eine Schüssel geben, die gemahlenen Mandeln dazugeben und nach und nach die Eier unterrühren.

4. Der Teig muss schwer reißend vom Löffel fallen.

5. Den Teig in einen Spritzbeutel mit Sterntülle füllen und auf ein ausgefettetes, mit Mehl bestreutes Backblech Ringe spritzen.

6. Die Brandteigringe im auf 220 °C vorgeheizten Backofen 20-25 Minuten backen, herausnehmen, erkalten lassen und mit einem scharfen Messer durchschneiden.

7. Die unteren Hälften mit Nutella bestreichen. Die Sahne steif schlagen, auf das Nutella spritzen und die oberen Hälften aufsetzen.

8. Nach Geschmack mit den Früchten belegen, mit Tortenguss überziehen, mit der geschlagenen, gesüßten Sahne und den Pistazien garnieren.

GEFÜLLTE ORANGEN MIT NOUGATCREME

FÜR 4 PERSONEN:

4 Orangen
Saft von 1 Zitrone
100 g Nutella
4 EL Rumrosinen
2-3 EL Crème fraîche
1 Glas Weißwein
1/2 Tasse Marsala
einige Tropfen Weinbrand
Zucker nach Geschmack
2 EL Butter
2 EL Pistazienkerne
2 EL Pinienkerne

ZUBEREITUNG:

1. Die Orangen halbieren, das Fruchtfleisch von vier Orangenhälften mit einem Messer von der Schale lösen.

2. Die restlichen Orangenhälften in Scheiben schneiden und dekorativ anrichten.

3. Nutella mit den Rumrosinen und der Crème fraîche vermischen auf die Orangenhälften geben.

4. Den Weißwein mit dem Marsala in eine Auflaufform geben.

5. Mit Weinbrand aromatisieren und mit Zucker süßen.

6. Die Orangen in den Sud stellen und mit Butterflöckchen belegen.

7. In dem auf 180-200 °C vorgeheizten Backofen 15-20 Minuten backen.

8. Nach Ende der Backzeit die Orangen herausnehmen, anrichten, mit Sauce überziehen, mit Pistazien- und Pinienkernen bestreut servieren.

MILCHREIS MIT NOUGATSAUCE

ZUBEREITUNG:

1. Die Milch mit dem Salz, der Zitronenschale, der Zimtstange und dem Vanillezucker in einen Topf geben und zum Kochen bringen.

2. Den gewaschenen Rundkornreis einrieseln lassen und unter ständigem Rühren 10-15 Minuten garen. Vom Feuer nehmen und weitere 10 Minuten ausquellen lassen.

3. Die Kakifrüchte putzen, in Scheiben schneiden, die Butter oder Margarine in einer Pfanne erhitzen, den Zucker dazugeben, leicht karamelisieren lassen und die Kakifrüchte darin kurz anschwitzen.

4. Die Kakischeiben herausnehmen, mit Rum beträufeln und bereitstellen.

5. Die vorbereiteten Litschifrüchte unter den Reis heben, diesen in Förmchen füllen und auf Teller stürzen.

6. Nutella mit dem Orangen- oder Maracujasaft glattrühren, angießen, die Kakischeiben dekorativ darauf legen, mit Melissezweigen ausgarnieren und sofort servieren.

FÜR 4 PERSONEN:

- 1/2 l Milch
- 1 Prise Salz
- 1 EL geriebene Zitronenschale
- 1 Zimtstange
- 1 Päckchen Vanillezucker
- 125 g Rundkornreis
- 4 Kakifrüchte
- 2-3 EL Butter oder Margarine
- 1-2 EL Zucker
- einige Tropfen Rum
- 250 g Litschifrüchte
- 1 Glas Nutella
- 1/4 l Orangen- oder Maracujasaft
- Zitronenmelissezweige zum Garnieren

NOUGATMOUSSE MIT SAUERKIRSCHEN

FÜR 4 PERSONEN:

- 40 g feine Speisestärke
- 1 Eigelb
- 1/2 l Milch
- 40 g Zucker
- 1 Prise Salz
- 1 Vanilleschote
- 50 g gemahlenen Mohn
- 1 Glas Nutella
- 1 Eiweiß
- 1 Becher Sahne
- 40 g Zucker
- 1/4 l Kirschsaft
- 1 Zimtstange
- 1 EL geriebene Zitronenschale
- 200 g Sauerkirschen
- 1-2 EL feine Speisestärke

ZUBEREITUNG:

1. Die Speisestärke mit dem Eigelb in genügend kalter Milch anrühren.

2. Die restliche Milch mit dem Zucker, dem Salz, der aufgeschnittenen und ausgeschabten Vanilleschote und dem Mohn zum Kochen bringen.

3. Die angerührte Speisestärke dazugeben und unter ständigem Rühren aufkochen lassen. Die Vanilleschote herausnehmen und Nutella einrühren.

4. Das steif geschlagene Eiweiß unterziehen.

5. Unter ständigem Rühren erkalten lassen und anschließend die steif geschlagene Sahne unterziehen.

6. Für die Kirschsauce den Zucker in einer Pfanne karamelisieren lassen, den Kirschsaft dazugeben und den Karamel loskochen.

7. Die Zimtstange, die geriebene Zitronenschale und die entsteinten Sauerkirschen dazugeben und 4-5 Minuten köcheln lassen.

8. Die Kirschsauce mit der angerührten Speisestärke leicht binden. Vom Feuer nehmen und erkalten lassen.

9. Die Sauce dekorativ auf Tellern anrichten, mit zwei Esslöffeln aus der Vanille-Mohn-Masse Nocken abstechen und diese auf die Sauce legen. Ausgarnieren und sofort servieren.

CRÊPES SUZETTE

FÜR 4 PERSONEN:

- 125 g Mehl
- 1 Prise Salz
- 1 TL geriebene Zitronenschale
- 1 TL geriebene Orangenschale
- 1 Päckchen Vanillezucker
- 1/2 Tasse Milch
- 1/2 Tasse Wasser
- 3 Eier
- 30 g flüssige Butter
- 2 cl Orangenlikör
- Butter zum Ausbacken
- 1 Tasse gemischte, gehackte Nüsse
- 1 Glas Nutella
- 1/4 l Milch

ZUBEREITUNG:

1. Das Mehl mit dem Salz, der Zitronen- und Orangenschale, dem Vanillezucker, der Milch und dem Wasser sowie den Eiern in eine Schüssel geben und zu einem glatten Teig verrühren.

2. Tropfenweise die flüssige Butter oder Margarine und den Orangenlikör unterrühren, das Ganze zugedeckt im Kühlschrank eine Stunde ruhen lassen.

3. Für die Zubereitung etwas Butter in einer Pfanne erhitzen und portionsweise Crêpes ausbacken.

4. Für die Sauce etwas Butter in einer Pfanne erhitzen und die gehackten Nüsse darin kurz anschwitzen.

5. Nutella und die Milch in eine feuerfeste Schüssel geben, im Wasserbad schmelzen lassen und nach Geschmack mit etwas Orangenlikör aromatisieren. Die Nüsse darunter mischen.

6. Die ausgebackenen Crêpes dekorativ anrichten, zusammenfalten, mit der Nutellasauce überziehen, je nach Geschmack mit Eis servieren.

CRÊPES MIT NUSS-SCHOKOSAUCE

FÜR 4 PERSONEN:

125 g Mehl, 1 Prise Salz
1 TL ger. Zitronenschale
1 TL ger. Orangenschale
1 Päckchen Vanillezucker
1/2 Tasse Milch
1/2 Tasse Wasser
3 Eier
30 g flüssige Butter
2 cl Orangenlikör
Butter zum Ausbacken
Für die Sauce:
je 25 g gehackte Mandeln, Haselnüsse, Pistazienkerne und Pinienkerne
1/8 l Milch
100 g Nutella
1 Päckchen Vanillezucker
4 cl Orangenlikör

ZUBEREITUNG:

1. Das Mehl mit dem Salz, der Zitronen- und Orangenschale, dem Vanillezucker, der Milch und dem Wasser sowie den Eiern in eine Schüssel geben und zu einem glatten Teig verrühren.

2. Tropfenweise die flüssige Butter oder Margarine und den Orangenlikör unterrühren, das Ganze zugedeckt im Kühlschrank eine Stunde ruhen lassen.

3. Für die Zubereitung etwas Butter oder Margarine in einer Pfanne erhitzen und portionsweise Crêpes ausbacken.

4. Für die Sauce die Butter oder Margarine in einer Pfanne erhitzen und die gehackten Nüsse darin kurz anschwitzen.

5. Die Milch mit Nutella und dem Vanillezucker in eine feuerfeste Schüssel geben und im Wasserbad schmelzen lassen.

6. Mit dem Orangenlikör zu den Nüssen geben, erhitzen und bereitstellen.

7. Die ausgebackenen Crêpes dekorativ anrichten, zusammenfalten, mit der Nuß-Schokoladensauce überziehen und je nach Geschmack mit Eis servieren.

BAYERISCHE NOUGATCREME

FÜR 4 PERSONEN:

- 1/2 l Milch
- 4 Eigelb
- 100 g Zucker
- 1 Päckchen Vanillezucker
- 8 Blatt weiße Gelatine
- 1/2 l Sahne
- 1 Glas Nutella
- 1 Schuss Sahne
- 1 Schuss Kakaolikör
- 1 Msp. Zimtpulver
- 4 cl Weinbrand

ZUBEREITUNG:

1. Die Milch mit dem Eigelb, dem Zucker und dem Vanillezucker unter ständigem Rühren einmal aufkochen lassen. Vom Feuer nehmen und die gewässerte, gut ausgedrückte Gelatine darin auflösen.

2. Das Ganze schlagen, bis es kalt ist, und bereitstellen.

3. Die Sahne sehr steif schlagen und unter die Milchcreme heben.

4. Nutella mit der Sahne und dem Kakaolikör glatt rühren und vorsichtig unter die Bayerische Creme ziehen.

5. Mit Zimtpulver und Weinbrand aromatisieren. In dekorative Schälchen füllen und erkalten lassen, anrichten, ausgarnieren und zum Verzehr bereitstellen.

RUM-NOUGAT-TOPF MIT FRÜCHTEN

FÜR 4 PERSONEN:

- 75 g Printen mit Schokoladenglasur
- 75 g Printen mit Zuckerglasur
- 500 g Rumtopf
- 4-5 EL Nutella
- 1 Glas Orangensaft
- 12 Kugeln Eiscreme nach Geschmack (Erdbeer, Vanille, Hasel- oder Walnuss)

ZUBEREITUNG:

1. Die Printen in kleine Dreiecke schneiden.

2. Den Rumtopf in einen Topf geben und erhitzen, Nutella und den Orangensaft dazugeben und Nutella schmelzen lassen.

3. Den warmen Rumtopf auf vier tiefe Teller oder Schälchen verteilen.

4. Die Eiskugeln auf den heißen Rumtopf setzen, mit Printenecken ausgarnieren und sofort servieren.

SCHOKOSHAKE

FÜR 4 PERSONEN:

- 3/4 l Vollmilch
- 1/2 Glas Nutella
- 4 Kugeln Schokoladeneiscreme
- geschlagene, gesüßte Sahne
- Raspelschokolade zum Bestreuen

ZUBEREITUNG:

1. Die Milch mit Nutella und dem Schokoladeneis mixen.

2. Den Schokoshake in Longdrinkgläser füllen, je ein Sahnehäubchen darauf setzen und mit Raspelschokolade bestreuen.

3. Den Schokoshake ausgarnieren und sofort servieren.

NOUGATSHAKE

FÜR 4 PERSONEN:

- 1/2 l Kefir
- 4 Portionen Vanilleeis
- 2 EL Nutella
- 2 Eigelb
- Saft von 1 Orange
- 4 Portionen geschlagene, gesüßte Sahne
- Instant-Kakaopulver zum Bestreuen

ZUBEREITUNG:

1. Den Kefir mit dem Vanilleeis, Nutella, dem Eigelb und dem Orangensaft durchmixen.

2. Den Shake in Gläser füllen und je eine Portion geschlagene, gesüßte Sahne darauf setzen.

3. Mit Kakaopulver bestreuen und mit je einem Strohhalm servieren.

SCHOKOMILCH

FÜR 4 PERSONEN:

- 3/4 l Milch
- 3-4 EL Nutella
- 1 EL Vanillezucker
- 4 Sahnehäubchen
- Instant-Kakaopulver zum Bestreuen

ZUBEREITUNG:

1. Die Milch mit Nutella verrühren. Den Vanillezucker einrühren und die Milch im Kühlschrank vollständig erkalten lassen.

2. Die Milch in Longdrinkgläser füllen, je ein Sahnehäubchen darauf setzen und mit Instant-Kakaopulver bestreuen.

3. Die Schokomilch ausgarnieren und servieren.

MOKKAMILCH

FÜR 4 PERSONEN:

- 4 EL Instant-Kaffeepulver
- 3-4 EL heiße Milch
- 3/4 l Vollmilch
- 1 TL Vanillezucker
- 4-5 EL Nutella
- 4 Kugeln Vanilleeiscreme

ZUBEREITUNG:

1. Den Kaffee in der heißen Milch auflösen.

2. Die Milch mit dem Vanillezucker, Nutella und dem Mokka verrühren und im Kühlschrank erkalten lassen.

3. Die Mokkamilch in hohe Gläser füllen, je eine Kugel Vanilleeiscreme in die Mitte setzen, ausgarnieren und servieren.

STERNFRÜCHTE MIT NOUGATSAUCE

FÜR 4 PERSONEN:

- 1/2 l Milch
- 2 Vanilleschoten
- 3 Eigelb
- 1 EL Speisestärke
- 1/2 Glas Nutella
- 4 cl Eierlikör
- 8 Sternfrüchte
- 250 g frische Datteln
- 4-6 cl Maracujalikör
- Zucker nach Geschmack

ZUBEREITUNG:

1. Die Milch in einen Topf geben und zum Kochen bringen.

2. Die Vanilleschoten aufschlitzen, ausschaben, das Mark und die Schoten in die Milch geben und 4-5 Minuten ziehen lassen.

3. Das Eigelb mit der Speisestärke verrühren, zur Milch geben und mit dem Schneebesen so lange schlagen, bis eine dickliche Sauce entstanden ist, zum Schluss Nutella unterziehen und auflösen lassen.

4. Zur Seite stellen und erkalten lassen, dabei mehrmals umrühren.

5. Ganz zum Schluss mit Eierlikör aromatisieren.

6. Die Sternfrüchte waschen und in dünne Scheiben schneiden.

7. Die Datteln längs halbieren, den Kern herausholen und das Fruchtfleisch in längliche Schnitze schneiden.

8. Die Früchte dekorativ anrichten, mit Maracujalikör beträufeln und mit Zucker nach Geschmack süßen. Mit der Nougatsauce überziehen, ausgarnieren und sofort servieren.

Schnelles und Einfaches aus der Backstube

SCHOKOIGEL

FÜR 4 PERSONEN:

- 3 Eigelb
- 3 EL Wasser
- 45 g Zucker
- 3 Eiweiß
- 1 Prise Salz
- 1 EL Zucker
- 90 g Mehl
- Margarine für die Form
- 1 Glas Nutella
- 100 g Sonnenblumenkerne
- 2 Schokotaler für die Augen

ZUBEREITUNG:

1. Das Eigelb mit dem Wasser und dem Zucker schaumig schlagen.

2. Das Eiweiß mit dem Salz zu steifem Schnee schlagen und dabei den Zucker einrieseln lassen. Unter die Eigelbcreme heben, das Mehl darüber sieben und vorsichtig vermischen.

3. Eine Igelform mit Margarine ausfetten, den Teig einfüllen und im auf 200 °C vorgeheizten Backofen 30-40 Minuten backen.

4. Herausnehmen und auf einem Kuchengitter erkalten lassen. Nach Geschmack durchschneiden, mit Nutella füllen und wieder zusammensetzen.

5. Den Igel mit Nutella bestreichen, die Sonnenblumenkerne als Stacheln hineinsetzen und dabei das Gesicht frei lassen. Die Schokotaler als Augen und einige Sonnenblumenkerne als Nase einsetzen.

WINDBEUTEL MIT NOUGATFÜLLUNG

FÜR 4 PERSONEN:

- 0, 2 l Wasser
- 75 g Butter
- 150 g Weizenmehl
- 2 EL gemahlene Mandeln
- 4 Eier
- 75 g Nutella
- 3/8 l Sahne
- 3 EL Aprikosenmarmelade
- Puderzucker zum Bestäuben

ZUBEREITUNG:

1. Das Wasser mit der Butter in einem Topf aufkochen, vom Herd nehmen und das Mehl einrühren.

2. Den Topf wieder auf den Herd stellen und solange rühren, bis ein Teigkloß entsteht und sich am Topfboden eine weiße Haut bildet.

3. Den Teig in eine Schüssel geben, die Mandeln dazugeben und nach und nach die Eier unterrühren.

4. Der Teig muss schwer reißend vom Löffel fallen.

5. Den Teig in einen Spritzbeutel mit Sterntülle füllen und auf ein ausgefettetes, mit Mehl bestreutes Backblech kleine Häufchen spritzen.

6. Die Windbeutel im auf 220 °C vorgeheizten Backofen 20-25 Minuten backen, herausnehmen, erkalten lassen und mit einem scharfen Messer durchschneiden.

7. Die unteren Hälften mit Nutella bestreichen. Die Sahne steif schlagen und die glatt gerührte Aprikosenmarmelade unterheben.

8. Die Windbeutel mit der Aprikosensahne füllen und mit Puderzucker bestäuben.

Blumentopfkuchen

Zubereitung:

1. Das Mehl mit der Trockenhefe, dem Zucker, dem Vanillezucker, der Butter, dem Eigelb, dem Salz, der abgeriebenen Zitronenschale, den Rosinen sowie dem Orangeat und dem Zitronat zu einem Teig verarbeiten und schlagen, bis er Blasen wirft.

2. Dann an einem warmen Ort zur doppelten Menge aufgehen lassen.

3. Nochmals kräftig durchkneten und erneut gehen lassen.

4. Einen neuen, großen Blumentopf gut ausfetten, den Teig einfüllen, nochmals gehen lassen dann über Kreuz einschneiden.

5. Den Blumentopfkuchen im auf 200 °C vorgeheizten Backofen 60-65 Minuten backen, herausnehmen, auf ein Kuchengitter stürzen und erkalten lassen.

6. Den Blumentopfkuchen nach Geschmack oben oder ringsherum mit Nutella einstreichen und trocknen lassen.

Für 4 Personen:

- 500 g Mehl
- 1 Päckchen Trockenhefe
- 150 g Zucker
- 1 Päckchen Vanillezucker
- 150 g Butter
- 6 Eigelb
- 1 Prise Salz
- abgeriebene Schale von 1/2 Zitrone
- 100 g Rosinen
- 100 g gehacktes Orangeat und Zitronat
- Butter oder Margarine zum Einfetten
- 2 EL Nutella zum Bestreichen

SCHOKOLADENZUG

FÜR 4 PERSONEN:

175 g Butter oder Margarine
175 g Nutella
2 Päckchen Vanillezucker
6 Eier
400 g Mehl
1/2 TL Backpulver
1 Tasse Kirschsaft
1 TL ger. Zitronenschale
1 TL ger. Orangenschale
1 Prise Zimtpulver
1 Prise Nelkenpulver
Butter oder Margarine und Semmelbrösel für die Formen
Zahnstocher
8 kleine, runde Kekse oder Lebkuchen
1 Glas Nutella
3-4 EL flüssiges Kokosfett
Puderzuckerglasur, Butterlinsen, Liebesperlen, Silberkugeln und Butterkekse zum Verzieren

ZUBEREITUNG:

1. Die Butter oder Margarine mit Nutella schaumig schlagen, den Vanillezucker und die Eier nach und nach dazugeben und kräftig darunter schlagen.

2. Das Mehl mit dem Backpulver vermischen und abwechselnd mit dem Kirschsaft unter den Teig rühren.

3. Mit Zitronenschale, Orangenschale, Zimt und Nelkenpulver aromatisieren.

4. Zwei kleine Kastenformen ausfetten und mit Semmelbröseln ausstreuen. Den Teig einfüllen und im auf 180-200 °C vorgeheizten Backofen 40-50 Minuten backen. Herausnehmen, auf ein Kuchengitter stürzen und vollständig erkalten lassen.

5. Einen Kuchen in Form einer Lokomotive zurecht schneiden, den anderen in Form eines Wagens.

6. Aus den abgeschnittenen Teilen das Führerhaus sowie den Schornstein formen und mit Zahnstochern feststecken.

7. Die runden Kekse oder Lebkuchen mit Puderzuckerglasur ankleben. Nutella mit dem erhitzten Kokosfett glatt rühren, die Lokomotive und den Wagen damit überziehen und trocknen lassen.

8. Den Zug mit Puderzuckerglasur und Zuckerwerk nach Geschmack verzieren.

GEFÜLLTE TÖRTCHEN

FÜR 4 PERSONEN:

- 80 g Butter oder Margarine
- 80 g Zucker
- 1 Prise Salz
- 2 Eier
- abgeriebene Schale von 1/2 Zitrone
- 250 g Mehl
- 1 TL Backpulver
- 4 EL kalte Milch
- Margarine und Semmelbrösel für die Formen
- 1/2 Glas Nutella
- 2-3 EL flüssiges Kokosfett
- 1 EL Instant-Kaffeepulver
- Mokkabohnen zum Verzieren

ZUBEREITUNG:

1. Die Butter schaumig schlagen und nach und nach den Zucker mit dem Salz und den Eiern dazugeben.

2. Die Zitronenschale untermischen und so lange rühren, bis sich der Zucker vollständig aufgelöst hat.

3. Das Mehl mit dem Backpulver vermischen, darüber sieben und zusammen mit der Milch unterheben.

4. Kleine Keramikförmchen (oder saubere Blechdosen) mit Margarine ausfetten, mit Semmelbröseln ausstreuen und den Teig einfüllen.

5. Im auf 180 °C vorgeheizten Backofen 15-20 Minuten backen, herausnehmen, aus den Förmchen lösen und auf einem Kuchengitter erkalten lassen.

6. Nutella mit dem Kokosfett glatt rühren und mit Instant-Kaffeepulver aromatisieren.

7. Die Törtchen zweimal quer durchschneiden, jeweils mit etwas Creme füllen, wieder zusammensetzen und mit der restlichen Creme überziehen. Nach Geschmack einige Mokkabohnen und die Mitte setzen.

APFELSTRUDEL SEHR FEIN

FÜR 4 PERSONEN:

- 250 g Weizenmehl
- 1 Prise Salz
- 20 g zerlassene Butter, 1 Ei
- 1 Tasse lauwarmes Wasser
- 6 säuerliche Äpfel
- Saft von 2 Zitronen
- 100 g Rumrosinen
- 50 g gehackte Haselnüsse
- 50 g Mandelblättchen
- 2 Becher saure Sahne
- 1/2 Glas Nutella
- 1 Päckchen Vanillezucker
- Zucker nach Geschmack
- 30 g zerlassene Butter oder Margarine
- 1/2 Tasse Zwiebackbrösel
- Vanilleeis oder Vanillesauce nach Geschmack

ZUBEREITUNG:

1. Für den Strudelteig das Weizenmehl mit dem Salz, der zerlassenen Butter, dem Ei und dem Wasser zu einem glatten Teig verarbeiten. Zugedeckt an einem warmen Ort eine halbe Stunde ruhen lassen.

2. In der Zwischenzeit für die Füllung die Äpfel schälen, entkernen, in feine Würfel oder Scheibchen schneiden. Mit Zitronensaft beträufeln.

3. Die Rumrosinen, die Haselnüsse und die Mandelblättchen unter die Äpfel mischen.

4. Die saure Sahne mit Nutella glatt rühren mit Vanillezucker und Zucker nach Geschmack süßen. Mit der Apfel-Nuss-Mischung verrühren.

5. Den Strudelteig hauchdünn ausrollen, ausziehen und auf ein sauberes Küchentuch legen.

6. Den Teig mit zerlassener Butter oder Margarine bestreichen und mit Zwiebackbröseln bestreuen.

7. Die Masse darauf verteilen und mit Hilfe des Küchentuches zu einem Strudel zusammenrollen.

8. Eine Backform ausfetten und den Strudel hineingeben. In dem auf 180-200 °C vorgeheizten Backofen 20 Minuten ausbacken.

9. Herausnehmen, anrichten und nach Geschmack mit Vanilleeis oder Vanillesauce servieren.

FRUCHTTÖRTCHEN

FÜR 4 PERSONEN:

je 1/8 l Wasser und Milch
1 Prise Salz, 1 EL Zucker
50 g Butter oder Margarine
150 g Mehl, 4 Eier
1 Prise Backpulver
Backoblaten (10 cm Durchmesser)
Backtrennpapier
250 g Mandarinenfilets
125 g blaue Weintrauben
125 g weiße Weintrauben
4 cl Orangenlikör
1/4 l Vanillepudding
1/2 Glas Nutella
1 Schuss Sahne
Tortenguss klar
geschlagene, gesüßte Sahne zum Garnieren
50 g Pistazienkerne

ZUBEREITUNG:

1. Das Wasser und die Milch in einen Topf geben. Das Salz, den Zucker und die Butter oder Margarine dazugeben und aufkochen lassen.

2. Das gesiebte Mehl auf einmal mit Hilfe des Kochlöffels unter die Flüssigkeit rühren.

3. Den Topf erneut auf den Herd stellen und mit dem Kochlöffel so lange schlagen, bis sich der Mehlteig als Kloß vom Topfboden löst und den Teig leicht abkühlen lassen.

4. Die Eier unter den Teig schlagen und das Backpulver unterrühren.

5. Wenn der Teig erkaltet ist, die Backoblaten bestreichen.

6. Auf den Rand der Oblaten einen Kreis aufspritzen, auf ein mit Backtrennpapier ausgelegtes Backblech setzen und im auf 200-220 °C vorgeheizten Backofen 10-15 Minuten backen.

7. Die Mandarinenfilets und die halbierten Weintrauben mit Orangenlikör aromatisieren und bereitstellen.

8. Den Vanillepudding mit Nutella und der Sahne glatt rühren.

9. Die Brandteigtörtchen mit der Masse füllen und die Früchte darauf verteilen.

10. Den Tortenguss anrühren und die Früchte damit überziehen.

11. Die Fruchttörtchen mit der Sahne ausgarnieren, mit Pistazienkernen bestreuen und servieren.

LIEBESKNOCHEN MIT NUSSNOUGATSAHNE

FÜR 4 PERSONEN:

- 1 Rezept Brandteig (siehe Feine Fruchttörtchen)
- Backtrennpapier
- 1/4 l Milch
- 2 Vanilleschoten
- 1 Prise Salz
- 1/2 Tasse Nutella
- 3 Eigelb
- 3 Eiweiß
- 25 g Zucker
- 6 Blatt weiße Gelatine
- 1/2 Becher Sahne
- 100 g Puderzucker
- 30 g Kakaopulver
- 75 g Kokosfett
- Liebesperlen zum Garnieren

ZUBEREITUNG:

1. Den Brandteig nach Grundrezept zubereiten. Ein Backblech mit Backtrennpapier auslegen und etwa 10 cm lange Stangen aufspritzen.

2. Im auf 200-220 °C vorgeheizten Backofen die Stangen 15-25 Minuten abbacken, herausnehmen und halbieren.

3. Für die Füllung die Milch mit der ausgeschabten Vanilleschote und dem Salz in einen Topf geben und erhitzen.

4. Nutella und das Eigelb schaumig schlagen, das Eiweiß steif schlagen und den Zucker einrieseln lassen.

5. Die Blattgelatine in der warmen Milch auflösen lassen und vom Feuer nehmen. Sofort den Eigelbschaum einrühren und erkalten lassen.

6. Das steif geschlagene Eiweiß mit der geschlagenen Sahne vorsichtig unterheben und auskühlen lassen.

7. Die Masse auf die Stangenböden aufspritzen und mit dem Deckel abdecken.

8. Den Puderzucker und das Kakaopulver mit heißem Wasser verrühren.

9. Das flüssige Kokosfett einrühren und die Liebesknochen damit bestreichen.

10. Mit Liebesperlen bestreuen, vollständig abtrocknen lassen und servieren.

DONAUWELLEN

FÜR 4 PERSONEN:

- 200 g Butter
- 200 g Zucker
- 1 Päckchen Vanillezucker
- 5 Eier
- 300 g Mehl
- 1/2 Päckchen Backpulver
- 1 EL Nutella
- 1 Glas Sauerkirschen
- 250 g Butter
- 1/2 l fertigen Vanillepudding
- 25 g Kokosfett
- 1/2 Glas Nutella
- 2 cl Rum

ZUBEREITUNG:

1. Die Butter mit dem Zucker und dem Vanillezucker schaumig schlagen. Die Eier einzeln unterschlagen und das mit Backpulver vermischte Mehl nach und nach unterrühren.

2. Die Hälfte des Teiges auf ein ausgefettetes Backblech streichen, den Rest mit Nutella vermischen und auf dem hellen Teig verteilen.

3. Die Sauerkirschen gut abtropfen lassen und auf den Teig geben.

4. Das Ganze in dem auf 190 °C vorgeheizten Backofen 30 Minuten backen, herausnehmen und erkalten lassen.

5. Für die Buttercreme die Butter schaumig schlagen und den kalten Vanillepudding einrühren.

6. Die Creme auf den Kuchen streichen.

7. Das Kokosfett im Wasserbad flüssig werden lassen und in Nutella einrühren. Das Ganze nach Geschmack mit Rum aromatisieren und auf der Buttercreme verteilen.

NUTELLA-IGEL

FÜR 4 PERSONEN:

- 125 g Butter oder Margarine
- 125 g Zucker
- 1 Päckchen Vanillezucker
- 1/2 Fläschchen Vanillearoma
- 3 Eier
- 150 g Mehl
- 100 g Speisestärke
- 1/2 TL Backpulver
- 2 EL Milch
- Fett und Semmelbrösel für die Formen
- 1 Glas Nutella
- 100 g Mandelstifte

ZUBEREITUNG:

1. Die Butter oder Margarine schaumig schlagen und nach und nach den Zucker, den Vanillezucker, das Vanillearoma und die Eier einrühren.

2. Das Mehl mit der Speisestärke und dem Backpulver vermischen und abwechselnd mit der Milch dazugeben.

3. Kleine Igelformen einfetten, mit Semmelbröseln ausstreuen, den Teig einfüllen und im auf 200 °C vorgeheizten Backofen 20-30 Minuten backen.

4. Die Igel herausnehmen, auf ein Kuchengitter stürzen und erkalten lassen.

5. Dann Nutella in einen Spritzbeutel mit Sterntülle füllen und die Masse auf die Igel spritzen.

6. Zum Schluss die Igel mit Mandelstiften spicken.

MÜRBTEIGHERZEN

FÜR 4 PERSONEN:

- 375 g Mehl
- 250 g Butter
- 165 g Zucker
- 1 Prise Salz
- 1 Prise Zimt
- abgeriebene Schale von 1/2 Zitrone
- 1-2 EL Wasser
- Mehl zum Ausrollen
- 2-3 EL Nutella
- 1 EL flüssiges Kokosfett
- helle Schokoladenglasur
- 1/2 Glas rote Marmelade

ZUBEREITUNG:

1. Das Mehl auf eine Arbeitsfläche sieben, die Butter in Flöckchen darauf setzen, den Zucker, das Salz, den Zimt und die Zitronenschale sowie das Wasser dazugeben und das Ganze schnell zu einem geschmeidigen Teig verarbeiten.

2. Den Teig in Frischhaltefolie wickeln und für eine Stunde in den Kühlschrank legen.

3. Dann den Teig herausnehmen, auf einer bemehlten Arbeitsfläche ausrollen und große Herzen ausstechen.

4. Aus der Hälfte der Herzen nochmals kleine Herzen oder Kreise ausstechen.

5. Die Herzen auf ein mit Backtrennpapier ausgelegtes Backblech legen und in dem auf 180 °C vorgeheizten Backofen in 10-15 Minuten goldgelb abbacken.

6. Herausnehmen und auf einem Kuchengitter erkalten lassen.

7. Nutella mit dem Kokosfett glatt rühren und die Herzen mit Loch damit bestreichen.

8. Trocknen lassen und mit heller Schokoladenglasur verzieren.

9. Die ganzen Herzen mit roter Marmelade bestreichen und die glasierten Herzen darauf setzen.

Für den Kaffeeklatsch

QUARKDATSCHI MIT SCHOKOGUSS

FÜR 4 PERSONEN:

200 g Magerquark
1 Schuss Milch
1 Ei
50 g flüssige Butter oder Margarine
75-100 g Zucker
1 Päckchen Vanillezucker
1 Prise Salz
1 EL geriebene Zitronenschale
400 g Mehl
1 Päckchen Backpulver

Außerdem:

1 kg süßsäuerliche Äpfel
Saft von 2 Zitronen
50 g flüssige Butter oder Margarine
3-4 EL Zucker
1 EL Zimtpulver
1 Glas Nutella
1 Glas Apfelsaft oder 1 Tasse Rum

ZUBEREITUNG:

1. Den Magerquark mit der Milch, dem Ei, der Butter oder Margarine, dem Zucker, dem Vanillezucker, dem Salz und der Zitronenschale in eine Schüssel geben und so lange schlagen, bis sich der Zucker vollständig aufgelöst hat.

2. Das gesiebte Mehl mit dem Backpulver vermischen und unter den Teig arbeiten.

3. Den Teig gut durchkneten, ausrollen und auf ein ausgefettetes Backblech legen, dabei den Rand hochdrücken.

4. Die Äpfel schälen, entkernen, in Schnitze schneiden, mit Zitronensaft beträufeln und gleichmäßig auf den Teig setzen.

5. Das Ganze mit der flüssigen Butter oder Margarine beträufeln, den Zucker und das Zimtpulver miteinander vermischen den Kuchen damit bestreuen.

6. Den Datschi im auf 180-200 °C vorgeheizten Backofen in 30-40 Minuten abbacken, herausnehmen und erkalten lassen.

7. Nutella mit Apfelsaft oder Rum glattrühren, gleichmäßig auf dem Kuchen verteilen, glattstreichen, vollständig erkalten lassen, den Kuchen in Stücke schneiden, dekorativ anrichten, ausgarnieren und servieren.

NUTELLA-SCHAFE

FÜR 4 PERSONEN:

- 75 g zimmerwarme Butter
- 100 g Nutella
- 50 g Zucker
- 1 EL Vanillezucker
- 1 Prise Salz
- 2 Eier
- 1-2 Tropfen Bittermandelöl
- einige Tropfen Zitronensaft
- 120 g Weizenmehl
- 30 g Speisestärke
- 1/2 Päckchen Backpulver
- 80 g geriebene Mandeln
- Margarine und Grieß für die Form
- Puderzucker zum Bestäuben

ZUBEREITUNG:

1. Die Butter mit Nutella schaumig rühren, abwechselnd den Zucker, den Vanillezucker, das Salz, die Eier und das Bittermandelaroma einrühren und mit Zitronensaft aromatisieren.

2. Das Mehl mit der Speisestärke und dem Backpulver vermischen und mit den Mandeln unter den Teig heben.

3. Eine Osterlammform sehr sorgfältig einfetten und mit Grieß ausstreuen.

4. Den Teig einfüllen und das Ganze im auf 200 °C vorgeheizten Backofen 40-50 Minuten backen.

5. Herausnehmen, kurz ausdampfen lassen, aus der Form nehmen und auf einem Kuchengitter vollständig erkalten lassen.

6. Dick mit Puderzucker bestäuben und nach Geschmack eine kleine Schleife mit einem Glöckchen um den Hals hängen.

Windbeutel-Sahnetorte

Zubereitung:

1. Aus dem Mehl, der Butter, dem Zucker und dem Eigelb einen Mürbteig kneten, diesen den Frischhaltefolie wickeln und im Kühlschrank 60 Minuten ruhen lassen.

2. Herausnehmen, auf einer bemehlten Arbeitsfläche in Springformgröße ausrollen (26 cm Durchmesser) und im auf 200 °C vorgeheizten Backofen 10 Minuten backen.

3. Das Wasser mit der Butter und dem Salz aufkochen, das Mehl auf einmal dazugeben und das Ganze mit einem Kochlöffel zu einem glatten Kloß rühren, bis er sich vom Boden löst.

4. In eine Schüssel geben und nach und nach die Eier unterrühren.

5. Den Teig in einen Spritzbeutel mit großer Sterntülle füllen und einen 26 cm großen Ring auf ein mit Backtrennpapier ausgelegtes Backblech spritzen.

6. Vom restlichen Teig kleine Windbeutel aufspritzen. Im auf 220 °C vorgeheizten Backofen 20 Minuten backen.

7. Den Puderzucker mit dem Wasser glatt rühren und den Brandteigring sowie die Windbeutel damit bestreichen.

8. Aus dem Vanillepuddingpulver und der Milch einen Pudding kochen, mit Kaffeepulver verfeinern, die eingereichte, gut ausgedrückte Gelatine unterziehen und das Ganze abkühlen lassen.

9. Nutella unterrühren. Die Sahne steif schlagen, unter den Pudding ziehen und die Masse in einen großen Spritzbeutel füllen.

10. Den Mürbteigboden mit Nutella bestreichen, den Brandteigring darauf setzen, die Füllung in die Mitte spritzen und den Rand mit kleinen Tupfern verzieren. Zum Schluss die kleinen Windbeutel darauf setzen.

Für 4 Personen:

- 150 g Mehl
- 100 g Butter
- 50 g Zucker
- 1 Eigelb
- Mehl zum Ausrollen
- 1/4 l Wasser
- 60 g Butter
- 1 Prise Salz
- 200 g Mehl
- 4 Eier
- 100 g Puderzucker
- 2 EL Wasser
- 1 Päckchen Vanillepuddingpulver
- 1/2 l Milch
- 2 TL Instant-Kaffeepulver
- 4 Blatt Gelatine
- 1 Glas Nutella
- 1/2 l Sahne

SCHNELLE HASELNUSSTORTE

FÜR 4 PERSONEN:

- 250 g Butter oder Margarine
- 250 g Zucker
- 5 Eier
- 375 g Mehl
- 125 g Speisestärke
- 1 Prise Salz
- 1 Päckchen Vanillezucker
- je 1 EL geriebene Zitronen- und Orangenschale
- 1 Päckchen Backpulver
- 1/8 l Milch
- 250 g Sahnequark
- 1/2 Glas Nutella
- 1 Schuss Sahne
- 2 Päckchen Vanillezucker
- 100 g geriebene Haselnüsse
- einige Tropfen Rumaroma
- 1 Becher Sahne
- 1 Päckchen Sahnesteif
- Zucker nach Geschmack
- Haselnusspralinen zum Garnieren

ZUBEREITUNG:

1. Aus den Teigzutaten einen Rührteig herstellen.

2. Den Rührkuchen im auf 180-200 °C vorgeheizten Backofen in 50-60 Minuten abbacken.

3. Den fertigen Tortenboden vollständig erkalten lassen, mit einem scharfen Messer quer halbieren, auseinanderklappen und bereitstellen.

4. Den Sahnequark, Nutella und die Sahne in eine Schüssel geben und glatt rühren, mit Vanillezucker abrunden.

5. Die geriebenen Haselnüsse und das Rumaroma unter den Quark ziehen.

6. Die Sahne mit dem Sahnesteif steif schlagen, ebenfalls unter den Quark ziehen und das Ganze mit Zucker nach Geschmack süßen.

7. Einen Teil auf den unteren Tortenboden streichen, die beiden Böden zusammensetzen, mit der restlichen Creme überziehen und glatt streichen.

8. Etwas Creme in einen Spritzbeutel füllen und ein Gittermuster auf die Torte aufbringen, mit den Haselnusspralinen dekorativ ausgarnieren, anrichten, verzieren und servieren.

NUTELLATORTE MIT BIRNEN

FÜR 4 PERSONEN:

- 1 fertig gebackenen Mürbteigboden
- 2-3 EL Birnengelee
- 1 fertig gebackenen Biskuitboden
- 1 große Dose Birnen
- 1,5 kg Magerquark
- 2 Gläser Nutella
- 12 Blatt Gelatine
- 1 Becher Sahne
- 4 cl Birnenlikör
- geschlagene Sahne, zerdrückte Cornflakes und Haselnüsse zum Garnieren

ZUBEREITUNG:

1. Den Mürbteigboden auf eine Tortenplatte setzen, mit dem Birnengelee bestreichen, den Biskuitboden darauf setzen und die gut abgetropften Birnenhälften darauf verteilen.

2. Den Magerquark in eine Schüssel geben und mit Nutella glatt rühren.

3. Die Gelatine einweichen, gut ausdrücken, in wenig heißem Wasser auflösen und in die Quarkmasse einrühren.

4. Die Sahne steif schlagen und locker unterheben, das Ganze mit dem Birnenlikör aromatisieren.

5. Einen Tortenring um den Boden legen, die Quarkmasse einfüllen und glatt streichen.

6. Die Torte im Kühlschrank mindestens drei Stunden fest werden lassen, anschließend herausnehmen und mit Sahnerosetten, Cornflakes und Haselnüssen verzieren.

WEINCREME-TRAUBEN-TORTE

FÜR 4 PERSONEN:

- 125 g Butter
- 125 g Zucker
- 1 EL Vanillezucker
- 1 TL ger. Zitronenschale
- 4 Eigelb
- 175 g Mehl
- 2-3 EL Milch
- 4 Eiweiß
- 200 g Puderzucker
- 1/4 l lieblichen Weißwein
- 14 Blatt weiße Gelatine
- 250 g Sahnequark
- 1/2 Glas Nutella
- 2 EL Vanillezucker
- 500 g weiße und blaue Weintrauben
- 1 Becher Sahne
- Puderzucker zum Bestäuben
- geschlagene, gesüßte Sahne

ZUBEREITUNG:

1. Die Butter mit dem Zucker, dem Vanillezucker, der Zitronenschale und dem Eigelb verschlagen.

2. Das Mehl sieben und mit der Milch unter die Creme rühren.

3. Das Eiweiß steif schlagen und den Puderzucker unter ständigem Schlagen einrieseln lassen.

4. Zwei Springformen (26 cm Durchmesser) mit Butter ausfetten und mit Semmelbröseln bestreuen.

5. Jeweils die Hälfte des Teiges einfüllen, die Hälfte des Eiweißschaumes darauf streichen.

6. In dem auf 180-200 °C vorgeheizten Backofen 25-30 Minuten backen, herausnehmen und erkalten lassen.

7. Den Weißwein erhitzen und die gewässerte Gelatine darin auflösen, erkalten lassen und kurz vor dem Festwerden mit dem Sahnequark verrühren.

8. Nutella und den Vanillezucker unterrühren.

9. Die Weintrauben verlesen, waschen, gut abtropfen lassen, halbieren und entkernen. Mit der geschlagenen Sahne unter die Quarkcreme heben.

10. Den Boden mit der Weintrauben-Quark-Creme bestreichen und mit dem zweiten Boden abdecken.

11. Mit Puderzucker bestäuben, mit geschlagener Sahne ausgarnieren und mit Weintrauben verziert servieren.

SCHOKOLADENHUPF

FÜR 4 PERSONEN:

200 g Butter oder Margarine
1 Prise Salz
4 Eigelb
200 g Nutella
120 g Mehl
4 Eiweiß
Margarine und Semmelbrösel für die Form
2-3 EL Nutella
25 g Kokosfett
Puderzuckerglasur

ZUBEREITUNG:

1. Die Butter oder Margarine schmelzen und leicht abkühlen lassen und in einer Schüssel mit dem Salz schaumig rühren.

2. Nach und nach das Eigelb dazugeben.

3. Nutella einrühren, esslöffelweise das Mehl untermischen und zum Schluss das steif geschlagene Eiweiß unterheben.

4. Eine Gugelhupfform ausfetten und mit Semmelbröseln ausstreuen, den Teig einfüllen und glatt streichen.

5. Im auf 180 °C vorgeheizten Backofen 50-60 Minuten backen, herausnehmen, aus der Form stürzen und erkalten lassen.

6. Für den Guss Nutella mit dem erhitzten Kokosfett glatt rühren, den Gugelhupf damit überziehen, gut trocknen lassen und zum Schluss mit Puderzuckerglasur verzieren.

MARMOR-NUSSKUCHEN

FÜR 4 PERSONEN:

- 200 g Butter
- 200 g Zucker
- 6 Eier
- 1 Prise Salz
- 1 EL geriebene Zitronenschale
- 1 Päckchen Vanillezucker
- 200 g Mehl
- 50 g gemahlene Nüsse (Mandeln, Haselnüsse oder Walnüsse)
- 1/2 Glas Nutella
- Fett und Mehl für die Form
- Puderzucker zum Bestäuben

ZUBEREITUNG:

1. Die Butter mit dem Zucker in eine Schüssel geben und schaumig schlagen.

2. Die Eier nach und nach kräftig darunter schlagen und ca. 10 Minuten rühren.

3. Zum Schluss das Salz, die Zitronenschale und den Vanillezucker untermischen.

4. Das Mehl mit den Nüssen vermischen und unter den Schaum ziehen.

5. Die Masse halbieren, in eine Hälfte des Teiges Nutella einrühren, die helle Masse in eine ausgefettete und mit Mehl bestäubte Gugelhupfform füllen, die Nutellamasse darauf verteilen und mit einer Gabel unter den hellen Teig ziehen.

6. Den Kuchen im auf 180-200 °C vorgeheizten Backofen in 50-60 Minuten abbacken, herausnehmen, aus der Form stürzen, erkalten lassen, mit Puderzucker bestäuben, mit Früchten nach Wahl ausgarnieren und servieren.

NUTELLA-ROLLE

FÜR 4 PERSONEN:

- 4 Eigelb
- 100 g Zucker
- 150 g Nutella
- 4 Eiweiß
- 300 g Weizenmehl
- 1 Päckchen Vanillepuddingpulver
- 1/2 l Milch
- 100 g Nutella
- 250 g Butter
- 4-5 kandierte Kirschen

ZUBEREITUNG:

1. Das Eigelb mit dem Zucker zu einer cremigen Masse verrühren und Nutella unterheben.

2. Das Eiweiß sehr steif schlagen und abwechselnd mit dem gesiebten Mehl unter die Eimasse heben.

3. Ein Backblech mit Backtrennpapier auslegen, den Teig darauf verteilen und im auf 200 °C vorgeheizten Backofen ungefähr zehn Minuten backen.

4. Dann ein Stück Pergamentpapier auf ein feuchtes Küchenhandtuch legen, den fertig gebackenen Kuchen darauf stürzen, das Backtrennpapier abziehen und den Kuchen mit Hilfe des Küchenhandtuches aufrollen.

5. Die Rolle mit dem feuchten Tuch bedecken, bis sie abgekühlt ist.

6. In der Zwischenzeit aus dem Vanillepuddingpulver und der Milch einen Pudding kochen, vom Herd nehmen und Nutella einrühren.

7. Abkühlen lassen, dann mit dem Handrührgerät die weiche Butter schaumig rühren und nach und nach den Pudding hinzufügen.

8. Die abgekühlte Roulade wieder aufrollen, die Hälfte der Buttercreme darauf streichen und die Roulade wieder zusammenrollen.

9. Zum Schluss mit der restlichen Buttercreme und den kandierten Kirschen verzieren und bis zum Verzehr in den Kühlschrank stellen.

NUTELLA-TORTE

FÜR 4 PERSONEN:

- 5 Eier, 6 EL Wasser
- 175 g Zucker
- 1 Prise Salz
- 1 Päckchen biskuit apart
- 125 g Mehl
- 75 g Speisestärke
- 1 TL Backpulver
- 1 TL Nutella
- 3 Becher Sahne
- 6 TL sanapart
- 1/2 Glas Nutella
- Sahne und Raspelschokolade zum Verzieren

ZUBEREITUNG:

1. Die Eier mit dem Wasser, dem Zucker, dem Salz und dem biskuit apart in eine Schüssel geben und sieben Minuten schlagen.

2. Das Mehl mit der Speisestärke und dem Backpulver vermischen und esslöffelweise dazugeben. Zum Schluss Nutella unterheben.

3. Den Teig in eine mit Backtrennpapier ausgelegte Springform füllen und in dem auf 200 °C vorgeheizten Backofen 35-40 Minuten backen. Herausnehmen, erkalten lassen und einmal durchschneiden.

4. Die Sahne mit dem sanapart steif schlagen und Nutella einrühren.

5. Den unteren Biskuitboden auf eine Tortenplatte setzen, einen Tortenring darum legen und die Nutellasahne einfüllen.

6. Den oberen Boden aufsetzen und im Kühlschrank zwei Stunden kühlen.

7. Die Torte herausnehmen, den Tortenring lösen, die Torte mit steif geschlagener, gesüßter Sahne überziehen und mit Raspelschokolade bestreuen.

Schokoladentorte

Für 4 Personen:

- 2 Eiweiß
- 2 EL kaltes Wasser
- 50 g Zucker
- 1 TL Vanillezucker
- 4 Eigelb
- 1 EL Nutella
- 100 g Mehl
- 1/2 TL Backpulver
- 1 Packung Löffelbiskuits
- 2 Tassen Orangensaft
- 1 Becher Sahne
- 1/2 Päckchen Paradiescreme „Vanille“
- 2 Becher Sahne
- 100 g Raspelschokolade
- Schokoladenornamente zum Verzieren

Zubereitung:

1. Das Eiweiß mit dem Wasser steif schlagen, den Zucker und den Vanillezucker einrieseln lassen, das Eigelb unterrühren und zum Schluss Nutella dazugeben.

2. Das Mehl mit dem Backpulver vermischen, unterheben und den Teig in eine mit Backtrennpapier ausgelegte Springform füllen.

3. In dem auf 200 °C vorgeheizten Backofen 12 Minuten backen, herausnehmen und auf einem Kuchengitter abkühlen lassen.

4. Auf eine Tortenplatte setzen und einen Tortenring darum legen.

5. Die Löffelbiskuits mit dem Orangensaft tränken und auf dem dunklen Boden verteilen.

6. Die Sahne steif schlagen, die Paradiescreme einrühren und das Ganze auf die Löffelbiskuits streichen.

7. Die restliche Sahne steif schlagen, die Raspelschokolade unterheben und kuppelförmig auf der Paradiescreme verteilen.

8. Im Kühlschrank einige Stunden durchkühlen lassen, herausnehmen, den Tortenring lösen und die Torte mit Raspelschokolade und Schokoladenornamenten verzieren.

Frohe

Weihnachts-Backstube mit Nutella

NOUGATPLÄTZCHEN

FÜR 4 PERSONEN:

- 350 g Mehl
- 250 g Butter
- 90 g Puderzucker
- 1 Prise Salz
- abgeriebene Schale von 1/2 Zitrone
- 1 Päckchen Vanillezucker
- 2-3 EL gemahlene Mandeln
- 1 Ei
- 1 EL Kokosfett
- 1/2 Glas Nutella

ZUBEREITUNG:

1. Das Mehl auf eine Arbeitsfläche sieben, die Butter in Flöckchen darauf setzen, den Puderzucker, das Salz, die abgeriebene Zitronenschale und den Vanillezucker darauf verteilen.

2. Die Mandeln in einer trockenen Pfanne rösten, erkalten lassen und dazugeben.

3. Das Ei in die Mitte setzen und das Ganze von außen nach innen schnell zu einem glatten Teig verkneten, in Frischhaltefolie wickeln und mindestens eine Stunde im Kühlschrank ruhen lassen.

4. Den Teig herausnehmen, auf einer bemehlten Arbeitsfläche ausrollen und beliebige Formen ausstechen.

5. Die Plätzchen auf ein mit Backtrennpapier ausgelegtes Backblech legen und im auf 160-180 °C vorgeheizten Backofen 10-15 Minuten backen. Herausnehmen und erkalten lassen.

6. In der Zwischenzeit das Kokosfett erhitzen und in Nutella einrühren.

7. Jeweils zwei Plätzchen damit zusammensetzen und zum Schluss die Plätzchen zur Hälfte eintauchen.

8. Auf einem Kuchengitter abtrocknen lassen.

MARZIPAN-NOUGAT-KONFEKT

FÜR 4 PERSONEN:

- 200 g Mehl
- 1/2 Päckchen Backpulver
- 1 Ei
- 100 g Zucker
- 1 Päckchen Vanillezucker
- abgeriebene Schale von 1 Orange
- 1 Prise Salz
- 100 g Butter oder Margarine
- 100 g Marzipanrohmasse
- 1 Eiweiß
- 100 g Nutella
- Puderzuckerglasur

ZUBEREITUNG:

1. Das Mehl mit dem Backpulver auf eine Arbeitsfläche sieben. Eine Mulde eindrücken und das Ei dazugeben.

2. Den Zucker, den Vanillezucker, die Orangenschale und das Salz darüber streuen und die Butter oder Margarine in Flöckchen darauf setzen.

3. Das Ganze schnell zu einem glatten, geschmeidigen Teig verarbeiten.

4. Den Teig in Frischhaltefolie einwickeln und im Kühlschrank zwei Stunden ruhen lassen.

5. Den Teig auf einer bemehlten Arbeitsfläche ausrollen und beliebige Formen ausstechen.

6. Die Plätzchen auf ein mit Backtrennpapier ausgelegtes Blech legen und im auf 170-180 °C vorgeheizten Ofen 10-15 Minuten backen, herausnehmen und auf einem Kuchengitter erkalten lassen.

7. Die Marzipanrohmasse mit dem Eiweiß zu einer streichfähigen Masse verschlagen und die Hälfte der Plätzchen damit bestreichen. Jeweils zwei Plätzchen aufeinander setzen.

8. Die Plätzchen mit glatt gerührter Nutella überziehen, trocknen lassen und anschließend mit etwas Puderzuckerglasur verzieren.

DOMINOSTEINE

ZUBEREITUNG:

1. Das Mehl auf eine Arbeitsfläche sieben, Nutella und die Butter in Flöckchen darauf setzen, die Eier und den Zucker sowie die abgeriebene Zitronenschale dazugeben und das Ganze zu einem glatten Teig verkneten.

2. Den Teig in Frischhaltefolie wickeln und im Kühlschrank eine Stunde ruhen lassen.

3. Herausnehmen, nochmals kräftig durchkneten und portionsweise zu Rollen mit 2-3 cm Durchmesser formen. Scheiben abschneiden, flach drücken, damit Rechtecke entstehen.

4. Die Rechtecke auf ein mit Backtrennpapier ausgelegtes Backblech legen.

5. Den Ofen auf 180 °C aufheizen und die Schokoladenplätzchen 8-10 Minuten backen.

6. Nach Ende der Backzeit die Plätzchen herausnehmen, auf einem Kuchengitter abkühlen lassen.

7. Das Nutella mit dem flüssigen Kokosfett glatt rühren, die Plätzchen damit bestreichen und trocknen lassen.

8. Mit dicker Puderzuckerglasur verzieren.

FÜR 4 PERSONEN:

500 g Mehl
1 EL Nutella
250 g Butter
2 Eier
200 g Zucker
abgeriebene Schale von 1/2 Zitrone
1/2 Glas Nutella
3-4 EL flüssiges Kokosfett
Puderzuckerglasur

MANDELSPLITTER

FÜR 4 PERSONEN:

- 1 TL Butter
- 1 EL Zucker
- 1 Päckchen Vanillezucker
- 200 g gehackte Mandeln
- 150 g Nutella
- 50 g Kokosfett

ZUBEREITUNG:

1. Die Butter mit dem Zucker und dem Vanillezucker in einer Pfanne zerlassen, die Mandeln dazugeben und unter ständigem Rühren goldbraun werden lassen. Beiseite stellen und erkalten lassen.

2. Nutella mit dem erhitzten Kokosfett glatt rühren, die Mandeln dazugeben, das Ganze gut vermischen und leicht abkühlen lassen.

3. Mit zwei Teelöffeln kleine Häufchen auf gefettete Alufolie setzen und kalt stellen. Im Kühlschrank aufbewahren.

NUTELLA-KONFEKT

FÜR 4 PERSONEN:

- 1 Msp. Butter
- 1 EL Zucker
- 1 Päckchen Vanillezucker
- 200 g fein gehackte Trockenfrüchte
- 150 g Nutella
- 50 g Kokosfett

ZUBEREITUNG:

1. Die Butter, den Zucker und den Vanillezucker in einen Topf geben und bei schwacher Hitze zerlassen.

2. Die Trockenfrüchte dazugeben, kurz durchschwenken und kühl stellen.

3. Nutella mit dem flüssigen Kokosfett verrühren. Die abgekühlten Früchte unter die Schokoladenmasse rühren und leicht abkühlen lassen.

4. Mit zwei Teelöffeln längliche Häufchen auf ein Stück Alufolie setzen und im Kühlschrank fest werden lassen.

MANDELHÄPPCHEN IM NUTELLAKLEID

FÜR 4 PERSONEN:

300 g Weizenmehl
100 g gemahlene Mandeln
1 Päckchen Vanillezucker
3 Eigelb
150 g Honig
1 Prise Salz
250 g Butter oder Margarine
geschälte Mandeln
3-4 EL Nutella
1 EL flüssiges Kokosfett

ZUBEREITUNG:

1. Das Mehl auf eine Arbeitsfläche sieben und mit den Mandeln sowie dem Vanillezucker vermischen. Eine Mulde eindrücken und das Eigelb sowie den Honig und das Salz hineingeben.

2. Die Butter oder Margarine in Flöckchen darauf setzen und das Ganze zu einem glatten, geschmeidigen Teig verarbeiten.

3. Den Teig in Frischhaltefolie wickeln und im Kühlschrank 1-2 Stunden ruhen lassen.

4. Den Teig herausnehmen, nochmals kräftig durchkneten, zu einer Rolle formen und von dieser kleine Stücke abschneiden.

5. Die Teigstücke zu Kugeln abdrehen und jeweils eine geschälte Mandel in die Mitte stecken.

6. Die Mandelhäppchen auf ein mit Backtrennpapier ausgelegtes Backblech setzen und im auf 180-190 °C vorgeheizten Backofen 15-20 Minuten backen, herausnehmen und auf einem Kuchengitter erkalten lassen.

7. Nutella mit dem flüssigen Kokosfett glatt rühren und die Mandelhäppchen damit überziehen.

SCHOKOBUSSERL

FÜR 4 PERSONEN:

250 g Mehl
125 g Zucker
125 g Butter
3 Eigelb
abgeriebene Schale von 1/2 Zitrone
1 Prise Salz
1 EL Nutella
1 Eiweiß
1 Prise Salz
1 EL Zucker
1/2 Glas Nutella
3-4 EL flüssiges Kokosfett

ZUBEREITUNG:

1. Das Mehl mit dem Zucker, der Butter, dem Eigelb, der abgeriebenen Zitronenschale, dem Salz und Nutella zu einem glatten Teig verarbeiten.

2. Den Teig in Frischhaltefolie wickeln und mindestens eine Stunde im Kühlschrank ruhen lassen.

3. Anschließend herausnehmen, auf einer bemehlten Arbeitsfläche ausrollen, runde Plätzchen ausstechen und diese auf ein mit Backtrennpapier ausgelegtes Backblech legen.

4. Das Eiweiß mit Salz und Zucker sehr steif schlagen, in einen Spritzbeutel füllen und kleine Kleckse auf die Plätzchen spritzen.

5. Die Plätzchen im auf 160-180 °C vorgeheizten Backofen 15-18 Minuten backen, herausnehmen und auf einem Kuchengitter erkalten lassen.

6. In der Zwischenzeit Nutella mit dem flüssigen Kokosfett verrühren und anschließend die Plätzchen damit überziehen, vollständig abtrocknen lassen und zum Verzehr bereitstellen.

NOUGATTALER

FÜR 4 PERSONEN:

- 350 g Mehl
- 250 g Butter
- 90 g Puderzucker
- 1 Prise Salz
- abgeriebene Schale von 1/2 Zitrone
- 1 Päckchen Vanillezucker
- 2-3 EL gemahlene Mandeln
- 1 Ei
- 2 EL Nutella
- Nutellaglasur und Schokostreusel zum Verzieren

ZUBEREITUNG:

1. Das Mehl auf eine Arbeitsfläche sieben, die Butter in Flöckchen darauf setzen, den Puderzucker, das Salz, die abgeriebene Zitronenschale und den Vanillezucker darauf verteilen.

2. Die Mandeln in einer trockenen Pfanne rösten, erkalten lassen und dazugeben.

3. Das Ei in die Mitte setzen, Nutella dazugeben und das Ganze von außen nach innen schnell zu einem glatten Teig verkneten, in Frischhaltefolie wickeln und mindestens eine Stunde im Kühlschrank ruhen lassen.

4. Den Teig herausnehmen, auf einer bemehlten Arbeitsfläche ausrollen und runde Taler ausstechen.

5. Die Taler auf ein mit Backtrennpapier ausgelegtes Backblech legen und im auf 160-180 °C vorgeheizten Backofen 10-15 Minuten backen. Herausnehmen und erkalten lassen.

6. Die Nougattaler mit Nutellaglasur bestreichen und mit Schokostreuseln bestreuen.

NOUGATKUGELN

FÜR 4 PERSONEN:

- 200 g Mehl
- 125 g Butterschmalz
- 50 g Zucker
- 1 Prise Salz
- abgeriebene Schale von 1/2 Zitrone
- 1 TL Vanillezucker
- 1 Eigelb
- 1 EL Nutella
- Puderzuckerglasur und Schokostreusel

ZUBEREITUNG:

1. Das Mehl auf eine Arbeitsfläche sieben, das Butterschmalz darauf setzen, den Zucker, das Salz, die abgeriebene Zitronenschale und den Vanillezucker darauf verteilen.

2. Das Eigelb in die Mitte setzen, Nutella dazugeben und das Ganze von außen nach innen schnell zu einem glatten Teig verkneten.

3. Den Teig in Frischhaltefolie wickeln und mindestens eine Stunde im Kühlschrank ruhen lassen.

4. Den Teig herausnehmen, kleine Stücke abschneiden und diese zu Kugeln abdrehen.

5. Auf ein mit Backtrennpapier ausgelegtes Backblech setzen und im auf 160-180 °C vorgeheizten Backofen 20-25 Minuten backen. Herausnehmen und erkalten lassen.

6. Die Nougatkugeln mit Puderzuckerglasur bestreichen und in Schokostreuseln wälzen.

SCHOKOBERGE

FÜR 4 PERSONEN:

- 250 g Weizenmehl
- 50 g Speisestärke
- 100 g Zucker
- 1 Päckchen Vanillezucker
- 2 Eier
- 125 g Butter
- 100 g gemahlene Haselnüsse
- 125 g Raspelschokolade
- 2 EL Nutella
- 1 TL flüssiges Kokosfett

ZUBEREITUNG:

1. Das Mehl mit der Speisestärke vermischen und auf eine Arbeitsfläche sieben. Den Zucker und den Vanillezucker dazugeben und eine Mulde eindrücken.

2. Die Eier in die Mulde geben, die Butter in Flöckchen darauf setzen und die Haselnüsse sowie die Raspelschokolade darüber streuen.

3. Das Ganze zu einem glatten Teig verkneten, in Frischhaltefolie wickeln und eine Stunde im Kühlschrank ruhen lassen.

4. Den Teig herausnehmen, nochmals kräftig durchkneten, kleine Stücke zu Kugeln abdrehen und diese auf ein mit Backtrennpapier ausgelegtes Backblech setzen.

5. Leicht andrücken und im auf 180 °C vorgeheizten Backofen 12-15 Minuten backen.

6. Die Schokoberge herausnehmen, auf einem Kuchengitter erkalten lassen. Nutella mit dem Kokosfett glatt rühren und die Schokoberge zur Hälfte eintauchen. Auf einem Kuchengitter trocknen lassen.

WEIHNACHTSTORTE MIT NUTELLAGUSS

FÜR 4 PERSONEN:

- 8 Eigelb
- 250 g Zucker
- 1 Prise Salz
- 250 g gemahlene Haselnüsse
- 8 Eiweiß
- 100 g Nutella
- 1/2 l Sahne
- 1 EL Puderzucker
- 150 g Kuvertüre
- 100 g Marzipanrohmasse
- 50 g Puderzucker
- Silberperlen

ZUBEREITUNG:

1. Das Eigelb mit dem Zucker sowie dem Salz schaumig schlagen und die Haselnüsse unterziehen.

2. Das Eiweiß zu steifem Schnee schlagen, die Hälfte davon unter die Nussmasse ziehen und dann Nutella und den restlichen Eischnee unterheben.

3. Jeweils ein Drittel der Masse auf einen gefetteten Springformboden streichen und im auf 180 °C vorgeheizten Backofen 15 Minuten backen. Herausnehmen und auf einem Kuchengitter erkalten lassen.

4. Für die Füllung die Sahne mit dem Puderzucker steif schlagen, zwei Tortenböden damit bestreichen, aufeinander setzen und mit dem dritten Boden abdecken.

5. Die Kuvertüre im Wasserbad erhitzen, die Torte rundherum damit bestreichen und im Kühlschrank fest werden lassen.

6. Die Marzipanrohmasse mit dem Puderzucker verkneten, ausrollen und weihnachtliche Motive ausstechen.

7. Die Marzipanmotive auf die Torte setzen und nach Geschmack mit Silberperlen verzieren.

NÜRNBERGER LEBKUCHEN

FÜR 4 PERSONEN:

- 4 Eier
- 250 g Zucker
- 1 Prise Salz
- 1 TL geriebene Zitronenschale
- 1 TL geriebene Orangenschale
- 40 g Zitronat
- 40 g Orangeat
- 75 g Mandelblättchen
- 250 g Mehl
- 1 EL Zimtpulver
- 1 Msp. Nelkenpulver
- 1 Msp. Kardamom
- 2 g Hirschhornsalz
- runde Backoblaten
- Glasur aus Nutella und Kokosfett

ZUBEREITUNG:

1. Die Eier mit dem Zucker und dem Salz in einer Schüssel schaumig schlagen, die Zitronenschale, die Orangenschale, das Zitronat, das Orangeat und die Mandelblättchen dazugeben und alles gut vermischen.

2. Das Mehl mit den Zimt, dem Nelkenpulver, dem Kardamom und dem mit Wasser angerührten Hirschhornsalz zur restlichen Masse geben und zu einem glatten, kompakten Teig verarbeiten.

3. Die Masse auf die Backoblaten streichen, diese auf ein Backblech setzen und an einem warmen Ort über Nacht abtrocknen lassen.

4. Am nächsten Tag die Lebkuchen in dem auf 160-180 °C vorgeheizten Backofen 25 Minuten backen, herausnehmen und erkalten lassen.

5. Die Lebkuchen mit der Nutellaglasur überziehen und auf ein Kuchengitter legen, bis die Glasur vollständig trocken ist.

Register

© 1999 by Unipart Media GmbH, 63069 Offenbach

genehmigte Sonderausgabe

Alle Rechte vorbehalten.

Die Verwertung der Texte und Bilder, auch auszugsweise, ist ohne Zustimmung des Verlages urheberrechtswidrig und strafbar. Das gilt auch für Vervielfältigungen, Übersetzungen, Mikroverfilmungen und für die Verarbeitung mit elektronischen Systemen.

Die Ratschläge in diesem Buch wurden von Herausgeber und Verlag sorgfältig erwogen und geprüft, dennoch kann eine Garantie nicht übernommen werden. Eine Haftung des Herausgebers bzw. des Verlages und seiner Beauftragten für Personen-, Sach- und Vermögensschäden ist ausgeschlossen.

ISBN 3 89755 493 3